elles bousculent la France

elles bousculent la France

35 entretiens à cœur ouvert

Amélie Cordonnier
Marie-Laure Zonszain

EDITIONS PRISMA

Femme Actuelle
Rédacteur en chef : Julien Lamury Dessauvages
Rédactrice en chef déléguée : Sabrina Nadjar
Secrétaire de direction : Christelle Florent
Directrice artistique : Bernadette Dumont

Ont contribué à la réalisation de cet ouvrage :
Réalisation : Amélie Cordonnier et Marie-Laure Zonszain.
Biographies : Ève Gandossi
Photographies : Laurent Vu, Lionel Guericolas, Manuelle Toussaint, Delphine Royer.
Vidéo : Marie Henry, Audrey Malabry, Céline Daugenet.
Coordination : Kalai Chan.

Éditions Prisma
Directeur : Pierre-Olivier Bonfillon
Directrice éditoriale : Françoise Kerlo
Responsable d'édition : Valérie Langrognet, assistée d'Estelle Galisson
Chefs de fabrication : Jérôme Brotons et Anne-Kathrin Fischer

Création graphique et mise en pages : Nord Compo

Crédits photographiques : 8-19, 24, 40-43, 48-55, 60-69, 76-81, 86-93, 98-112, 118-119, 130-137, 144, 152-155 : © Laurent Vu ; 20-23, 32-39, 44-47, 56-59, 82-85, 120-129, 148-151 : © Lionel Guericolas ; 28-31, 70-75, 138-143, 156-159 : © Manuelle Toussaint ; 94-97 : © Delphine Royer

Remerciements : Tous nos remerciements à l'hôtel Paris Marriott Opera Ambassador et à l'Hôtel Barrière Le Fouquet's Paris qui nous ont fait l'honneur de nous accueillir.

ISBN : 978-2-8104-2812-0

Dépôt légal : octobre 2019

Imprimé en Slovénie par GPS Group

MIXTE
Papier issu de sources responsables
FSC® C118234
www.fsc.org

Préface

« Une femme libre
est exactement le contraire
d'une femme légère. »

Simone de Beauvoir

1944 ! Il aura fallu attendre 1944 pour que les femmes obtiennent enfin le droit de vote en France, 96 ans après les hommes – un droit obtenu à l'arraché, dans un pays meurtri, essoré financièrement et socialement par la Seconde Guerre mondiale.

Malgré tout, il s'agira là d'un socle solide et durable pour l'émancipation féminine. Dès lors, les femmes osent enfin rêver à voix haute, et influer par les urnes sur une société qui n'est pas encore prête à les laisser disposer d'elles-mêmes. De petites victoires en grands combats, les lois finissent par évoluer et répondre positivement à l'appel de l'indépendance féminine. En 1974, Valéry Giscard d'Estaing est le premier président de la République à confier un ministère à une femme. Simone Veil, future figure emblématique du féminisme, se voit donner la responsabilité de la Santé. Dans la foulée, Jacqueline Baudrier est nommée à la tête de Radio France, libre de marquer de son sceau l'actualité délivrée quotidiennement aux Français. Un nouveau chapitre s'ouvre.

En 1984, le groupe de presse Prisma lance *Femme Actuelle*, un magazine féminin populaire qui se fixe une mission ambitieuse : « donner les clés de la cité aux femmes ». À toutes les femmes, pas seulement aux élites. La rédaction, très largement féminine, veut aider les Françaises dans leur nouvelle condition. La notion de sororité – équivalent féminin de fraternité –, inspirée des féministes américaines des années 1970, fait son chemin dans les esprits. Désormais, les femmes ne sont plus seulement des mères et des épouses. Elles sont aussi employées, cadres, voire cheffes d'entreprise. Sans déjà en porter le nom, il est question de « charge mentale ». Alors que le taux d'activité des femmes ne cesse d'augmenter (elles n'étaient que 50 % à travailler au début des années 1970, contre presque 70 % au milieu des années 1980), comment les aider à se sentir épanouies sur tous les fronts ? Comment les aider à concilier vie de famille et ambition professionnelle ? La réponse de *Femme Actuelle* est de proposer des articles pratiques, concis et sourcés, agrémentés de conseils d'experts et de journalistes (soumises aux mêmes difficultés quotidiennes que leurs lectrices). *Femme Actuelle* suit aussi les évolutions sociétales autour de la cause féminine et s'en fait le relais. Si le magazine a évidemment évolué en 35 ans, il n'a jamais abandonné ses deux missions fondatrices, constituant son ADN : accompagner les femmes au quotidien et soutenir leur combat pour l'émancipation.

À l'occasion des 35 ans de *Femme Actuelle*, nous nous sommes replongés dans nos archives. Plus de 1 800 numéros, cela en fait des souvenirs ! Cet anniversaire a été l'occasion d'observer l'évolution de la condition féminine. Invariablement, une femme déterminée se cachait derrière chaque avancée : héroïnes du quotidien, des domaines de l'art ou de la culture, de la société civile, des sciences... Il nous est alors apparu évident qu'il fallait leur rendre hommage. Connues ou anonymes, jeunes et moins jeunes, nous avons voulu réunir trente-cinq personnalités qui ont œuvré, parfois seules contre tous, pour leur liberté. Trente-cinq femmes qui, par leur détermination, leur pugnacité, leur humour, mais aussi par leur sensibilité, leur engagement, leur insouciance, voire leur inconscience, mais encore par leurs souffrances et leurs espoirs – en un mot, par leurs parcours –, ont fait bouger les lignes de la société française. Chacune a apporté sa pierre au délicat édifice de l'émancipation féminine, et nous souhaitions laisser une trace de leur engagement. À celles qui ont œuvré hier, à celles qui œuvrent aujourd'hui, à celles qui œuvreront demain, nous voulons dire merci.

Julien Lamury Dessauvages
Rédacteur en chef

Sommaire

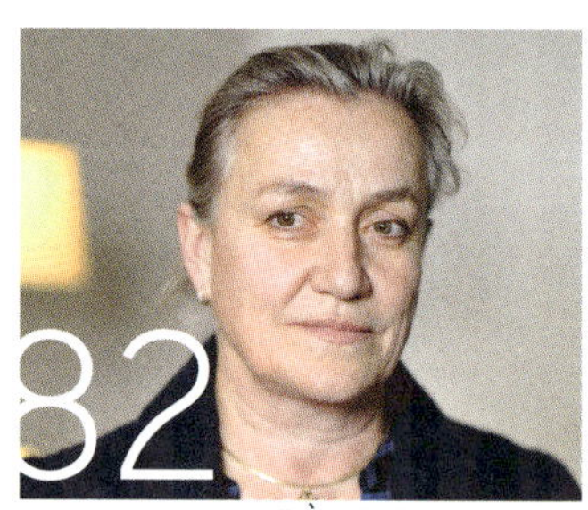

Christiane Taubira

Issue d'une fratrie de onze enfants, Christiane Taubira, née en Guyane en 1952, débute sa carrière comme militante indépendantiste, puis participe à la création du parti politique guyanais Walwari. Candidate à l'élection présidentielle de 2002 sous l'étiquette Parti radical de gauche, elle occupe la fonction de garde des Sceaux de 2012 à 2016. Parmi ses actions notoires : la loi du 17 mai 2013 sur le mariage pour tous. Cette combattante dans l'âme essuie alors des attaques sexistes et racistes. En 2018, elle est présidente du jury Gisèle Halimi pour le concours d'éloquence de la Fondation des Femmes.

« Je n'en ai parlé à personne à l'époque, mais je n'étais pas en grande forme lorsque je suis montée à la tribune de l'Assemblée nationale pour défendre la loi sur le mariage pour tous, le mardi 29 janvier 2013. Je venais tout juste d'être hospitalisée à cause d'une infection généralisée. Le matin même, le médecin avait tenu une conférence dans ma chambre pour m'expliquer les risques encourus si je sortais. Je lui ai évidemment répondu que je ne pouvais pas être absente.

La cause méritait que je rassemble mon énergie et ma force de conviction pour la porter avec dignité. J'étais bien décidée à faire rempart contre les injures et les attaques. J'ai monté tranquillement l'escalier de l'Assemblée, sans notes. Quelques semaines plus tard, une conseillère de mon cabinet m'a confié avoir connu un moment de panique en réalisant que je n'avais aucun dossier avec moi.

En tant que garde des Sceaux, j'étais en première ligne

Lorsque j'arrive face aux députés, je sais de quoi je dois les convaincre, et je sais que je vais gagner, même si j'ai conscience que le combat sera rude. Des protestations et des interjections s'élèvent des bancs de l'opposition, mais je suis animée d'une sérénité combative pour arracher les votes de chacun. Le 23 avril 2013, Claude Bartolone annonce le résultat à la tribune : l'Assemblée adopte le projet de loi ouvrant le mariage aux couples de personnes de même sexe, par 331 voix contre 225. J'ai toujours considéré ce combat comme un travail collectif, mais en tant que garde des Sceaux, j'étais en première ligne. J'aime ça dans mes combats.

Les libertés dont je jouis aujourd'hui ont été conquises avant ma naissance

Je m'inscris dans une lignée de femmes qui se sont battues avant moi. Je sais que les libertés dont je jouis aujourd'hui ont été conquises avant ma naissance. Je veux m'en montrer digne. Durant ma première campagne pour les élections législatives, lors d'un déplacement dans une petite commune rurale, une femme est venue me voir à la fin de la conférence. Elle m'a dit en créole une phrase que j'ai trouvée à la fois extravagante, lyrique, et magique : "Toi, ta langue est née sept jours avant toi." C'est une belle explication à l'impertinence.
Je viens d'une famille modeste et monoparentale, le genre de familles sur lesquelles on jette une espèce d'opprobre social. Ma maman a élevé seule onze enfants, avec courage et générosité. Elle travaillait, et se battait pour nous donner une éducation extrêmement rigoureuse, trop sévère sans doute. J'étais une petite fille noire dans une société composite et multiculturelle, où l'autorité était blanche. J'ai grandi avec le souvenir de la traite négrière, de l'esclavage, et de l'oppression raciale. J'ai entendu des choses absolument terribles, qui contestaient ma seule présence au monde. J'ai survécu à ça par réflexe, par instinct, par intuition, et j'ai continué à le faire ensuite en toute conscience et en toute lucidité.

Je m'inscris dans une lignée de femmes qui se sont battues avant moi.

Je ne m'attendais pas à un tel déferlement de violence

J'ai encaissé tous les coups, mais je ne m'attendais pas à un tel déferlement de violence. Je ne pensais pas que la société française recelait encore un tel potentiel d'agressivité, de brutalité. Ça fait des années que je me bats. J'ai appris à cacher mes larmes, à pleurer en cachette, mais j'ai de la peine pour cette enfant qui m'a dit : "C'est pour qui la banane ? C'est pour la guenon !" Évidemment ce sont des adultes qui lui ont suggéré cette phrase, par leur attitude et par leurs propos, mais dans dix ans, cette enfant n'aura-t-elle pas honte ? Je hais les imbéciles. Il n'y a ni fenêtre ni lucarne pour permettre aux imbéciles, aux racistes et aux sexistes d'entrer dans ma vie. Qu'ils vitupèrent, vocifèrent, menacent, je passe mon chemin avec mon assurance, mes certitudes, ma joie de vivre et mon amour pour les autres. »

Christiane Taubira

Anne Sinclair

Son nom est associé de façon indélébile à l'émission « 7 sur 7 » : Anne Sinclair en est la présentatrice phare dès 1984. Cinq cents émissions au cours desquelles la journaliste interviewe Hillary Clinton, Mikhaïl Gorbatchev, ou encore Nicolas Sarkozy. Elle débute sa carrière de journaliste en 1973, à l'âge de vingt-cinq ans. Dans ce milieu plutôt masculin, elle partage l'écran avec Christine Ockrent. En 1997, elle arrête « 7 sur 7 », quand son époux de l'époque, Dominique Strauss-Kahn, devient ministre. S'ensuivent des collaborations avec la presse écrite (*JDD*, fondatrice du *HuffPost*), la radio (France Inter, Europe 1) et la télévision («Le Grand Journal»).

« Le 16 septembre 1984, lors de mon tout premier "7 sur 7", avec François Léotard, je devais probablement mourir de trac, puisque je l'ai encore aujourd'hui, et je l'aurai sans doute encore à 90 ans, si je monte sur un plateau de télé aussi vieille. Aujourd'hui encore, quand on me repasse le générique de "7 sur 7", ça me tord le ventre. Au fond c'est parce que je suis lâche que je ne me suis pas enfuie !

Pendant le générique, je me demandais si je ne serais pas désarçonnée, si j'allais être à la hauteur. J'avais peur de soudainement penser à autre chose. Vous regardez un petit fil sur la table, vous vous laissez déconcentrer un quart de seconde – cela arrive quand on est fatigué, et qu'on fait l'émission tous les dimanches depuis treize ans. Il m'est arrivé de présenter "7 sur 7" avec quarante de fièvre, une gastro ou la grippe.

Je n'avais pourtant pas l'impression d'ouvrir la brèche

Quand j'ai commencé à la fin des années 1970, à part Christine Ockrent et moi, les femmes n'étaient pas très nombreuses à traiter les sujets réservés aux hommes. Elles s'occupaient de l'éducation, de la mode ou de la santé, quelquefois aussi des questions de société, mais la politique et l'économie leur étaient interdites. Elles n'étaient pas crédibles. Je n'avais pourtant pas l'impression d'ouvrir la brèche, c'est seulement ensuite qu'on se dit "oui, c'est vrai". Je n'ai pas vraiment essuyé de remarques sexistes durant ma carrière, parce qu'à l'époque les hommes étaient un peu surpris, au fond, ils n'osaient pas vraiment.

En 1975, j'étais toute débutante, et pour une émission spéciale de fin d'année, Bernard Pivot m'a dit : "Ce serait bien que tu ailles interviewer de grands misogynes." J'ai donc interrogé Hergé, Jacques Martin, Pierre Bellemare et Marcel Jullian, le président d'Antenne 2, pour "Pivot chez les misogynes". Ce titre était drôle et déjà provocant. Ce serait impensable aujourd'hui de faire un truc pareil.

Les personnages politiques m'intimident moins que les grands intellectuels et les artistes

Sur les cinq cents émissions que j'ai faites, la liste des invités est longue, certes, mais il y a les nombreuses personnalités que je n'ai pas interviewées. Parmi elles : les papes, Isabelle Adjani, et Catherine Deneuve, qui n'a jamais voulu venir, peut-être parce que ma tête ne lui revenait pas ou que mes questions portaient sur l'actualité du monde. Je suis très bon public et midinette. Les personnages politiques m'intimident moins que les grands intellectuels et les artistes, car j'en ai côtoyé beaucoup. Ma rencontre avec Hillary Clinton, quand elle était Première dame, ou avec Mikhaïl Gorbatchev, huit jours avant la fin de l'Union soviétique, font partie de mes souvenirs les plus forts. Il y a aussi eu Jacques Delors, venu annoncer dans l'émission qu'il ne serait pas candidat à la présidence de la République, en décembre 1994. Personne ne s'y attendait. Toute la France était devant son écran de télévision. Nous avons réuni 12 millions de téléspectateurs, ce qui était gigantesque.

Je me souviens de Woody Allen, lors d'une émission tournée à Lens. J'avais la sensation que le héros de *La Rose pourpre du Caire* était sorti de l'écran. Je me souviens aussi de Sharon Stone, une femme infiniment belle, et extrêmement intelligente : la grâce pure. Madonna, j'étais excitée comme une puce de la rencontrer, mais elle n'en avait rien à faire de l'émission, elle n'a pas été très aimable et cela m'a un peu refroidie. J'ai été stupéfaite de la voir arriver, toute petite, dans une grande voiture noire, avec deux gardes du corps extrêmement baraqués, des sabots aux pieds, une veste en tweed, un short, une dent en or et des tresses comme Heidi. Avec Paul McCartney, ce fut aussi une rencontre un peu ratée, car il n'avait pas compris que l'émission durait cinquante-cinq minutes et l'a trouvée longue avant même qu'elle ne débute. Je me souviens aussi de Nicolas Sarkozy, qui a fait sa première grande apparition à la télévision avec "7 sur 7" en 1992, quand il était maire de Neuilly-sur-Seine. Je ne le connaissais pas, je l'ai rencontré avant l'émission, autour d'un café, pour comprendre un peu qui il était. Il m'a dit : "Vous savez, Anne Sinclair, je serai ministre. Je ne sais pas de quoi, d'ailleurs je m'en fous, mais je serai ministre." En rentrant chez moi, j'avais dit : "Ce type-là a un sacré culot !" Je n'ai pas oublié non plus mon étonnement quand j'ai reçu Johnny, l'idole de ma jeunesse : il avait le trac et était très gentil. Comme il répondait brièvement, je me suis retrouvée à court de questions et je lui en ai posé une basique, pas de très bonne qualité journalistique, du type : "Qu'est-ce que vous aimez dans la vie ?" Il m'a répondu : "Aller au supermarché, parce que j'adore les sauces." Il m'a expliqué qu'il remplissait son chariot de ketchup et autres chutneys – j'avais failli éclater de rire. C'était drôle, inattendu. Il y a aussi eu Guy Bedos, que j'aimais beaucoup inviter début septembre pour la rentrée de "7 sur 7". Une fois, je lui ai demandé de me préparer une revue de presse. L'été précédent, Brigitte Bardot venait de faire castrer son âne. Quand il a évoqué ce sujet, j'ai eu un fou rire : j'en pleurais. C'est la seule fois, je crois, où j'ai complètement perdu le contrôle.

Saddam Hussein a voulu participer, j'ai refusé

Je n'ai jamais cherché à poser la question la plus ironique ou déstabilisante possible, mais j'ai toujours essayé d'avoir une vraie conversation avec les invités. Quand on fait ce genre d'émission, il ne faut pas penser à soi, mais à celui qu'on interroge. C'est ainsi qu'on obtient les meilleurs résultats. Quand l'invité est bon, il vous rend bon et cela rejaillit sur l'émission. La première question n'a aucune importance, car vous pouvez l'avoir répétée deux mille fois, l'avoir écrite avant et n'importe qui peut aussi vous l'avoir préparée. C'est la deuxième qui compte. Il faut suffisamment connaître la personne ou le dossier pour être capable de relancer. Intérêt, émotion, sympathie, déplaisir : les sentiments qu'on éprouve face à un invité sont compliqués. Je suis plutôt une personne affective, et je crois que quand j'aime ou n'aime pas quelqu'un, ça se voit. Par

« Je n'ai jamais cherché à poser la question la plus ironique ou déstabilisante possible, mais j'ai toujours essayé d'avoir une vraie conversation avec les invités.

honnêteté, j'essayais au maximum de respecter une certaine neutralité. Je n'ai jamais caché mes opinions, d'ailleurs la plupart de mes invités les connaissaient, et savaient que j'étais de gauche. J'ai interviewé toute la droite, à part Jean-Marie Le Pen. Ce n'était pas un caprice de ma part : il m'était très difficile d'interroger des gens qui ne se situent pas dans l'orbite de la démocratie. L'émission marchait très bien, et si j'avais été une journaliste débutante, je n'aurais pas pu avoir ce luxe-là. Au moment de la guerre du Golfe, Saddam Hussein avait fait savoir qu'il voulait faire "7 sur 7", et j'avais également refusé.

J'ai arrêté l'émission brutalement en 1997, quasiment d'une semaine sur l'autre parce qu'à l'époque mon mari [*N.D.É. : Dominique Strauss-Kahn*] avait été nommé au gouvernement. Je ne trouvais pas décent que la femme du ministre des Finances continue à avoir une tribune politique à la télévision et à interroger ses adversaires. Ça m'avait semblé évident, je n'ai pas eu l'impression de me sacrifier. Après treize ans, j'en avais un peu marre des hommes politiques, j'avais eu ma dose ; c'était très bien de passer à autre chose. Pour la dernière de "7 sur 7", le 6 juillet 1997, Robert Namias, le directeur de l'information de l'époque, m'a dit : "Je vais prendre ta place et t'interviewer." Ça a été une émission émouvante. Je n'ai jamais eu le blues, mais durant plusieurs mois, le dimanche, il m'arrivait de regarder ma montre et, durant une fraction de seconde, de croire que j'avais oublié de partir. »

Anne Sinclair

PARIS

Béatrice Vialle

Elle aime avoir la tête dans les nuages, mais se félicite d'être très pragmatique et rationnelle pour exercer son métier multitâche. Béatrice Vialle, née en 1961, est la première Française à avoir piloté le Concorde. Au monde, elles ne sont que deux femmes. De 2001 à la fin de service du Concorde en 2003, elle aura effectué 45 vols supersoniques Paris-New York. Depuis 2008, elle est commandant de bord sur Boeing 747.

À son actif, 15 000 heures de vol sur gros appareils et 260 heures sur Concorde. Son quotidien se passe dans les airs, à plus de 30 000 pieds du sol. Dans son « bureau » exigu, de jour comme de nuit, Béatrice Vialle fait partie des (trop rares) femmes pilotes. En 2003, c'est elle qui – au poste de copilote – a posé, pour la dernière fois, le grand oiseau blanc à Paris.

« Le Concorde a toujours fait rêver, par sa ligne et son allure. J'ai souvent accueilli à bord des passionnés, qui avaient économisé toute leur vie pour s'offrir un Paris-New York, ou une boucle au-dessus de l'Atlantique. Je me souviens de la dernière fois où j'ai piloté le Concorde : c'était en mai 2003, et c'était aussi son dernier vol. À bord comme au sol, la tristesse et l'émotion étaient palpables. Des gens de la France entière étaient venus spécialement lui dire un dernier adieu à Roissy. Je me revois les saluer par le hublot, c'était très émouvant. Rien ne me prédisposait à devenir pilote. Dans ma famille, personne ne travaillait dans l'aéronautique. Après mon bac, en classe préparatoire, j'avais une seule certitude : je ne voulais pas devenir ingénieur, ni rester toute la journée derrière un bureau ! J'ai donc cherché des études qui pourraient me correspondre, et j'ai découvert que je pouvais être pilote de ligne.

Les passagers me prenaient pour l'hôtesse de l'air

J'ai intégré l'École nationale de l'aviation civile (ENAC), ouverte aux étudiantes depuis peu. C'est d'ailleurs grâce à Françoise Giroud, alors ministre de la Condition féminine, qu'elle est devenue mixte. À l'issue de ma formation, j'ai intégré Air Littoral, à Montpellier *[N.D.É. : compagnie régionale qui a déposé le bilan en 2004]*. J'ai commencé sur un petit avion de 18 places en tant que copilote. J'étais alors la seule femme de la compagnie ! Il n'y avait pas d'hôtesse à bord, donc, chacun notre tour, avec le commandant de bord, on accueillait les passagers au pied de l'avion, on les faisait monter, on leur offrait des bonbons… Parfois, des passagers proposaient de me garder une place, mais je leur répondais que j'avais déjà la mienne : à l'avant ! Un an plus tard, j'ai passé le concours pour entrer chez Air France. Là encore, les femmes étaient peu nombreuses. J'étais la 10e sur plus de 3 000 pilotes. Je n'ai pas souffert de sexisme, mais, en tant que femmes, nous étions dans la ligne de mire. Rien ne nous était épargné. Moins nombreuses que les hommes, nous étions davantage sous les projecteurs. Air France a mis en place des sessions de management spécifiques pour gérer la mixité à bord, comment se comporter lorsque le commandant ou le copilote est une femme. Nous percevons le même salaire, à poste équivalent. Nous sommes considérées à l'égal des hommes, en matière de promotion ou d'affectation notamment. Bien sûr, à bord, ça n'était pas toujours évident. Je me souviens avoir eu des copilotes plus âgés ou d'anciens militaires qui avaient du mal à s'adresser à moi en tant que commandant de bord et passaient par le mécanicien navigant. Je n'aime pas les conflits, donc je laissais passer ces petites touches misogynes : l'important était d'assurer la sécurité du vol, de maintenir la synergie de l'équipe. Les conflits et les tensions n'apportent rien de bon dans un cockpit.

Un métier multitâche, on sait faire !

Il m'arrive régulièrement de voyager avec un équipage uniquement féminin, et je me sens très l'aise. J'ai presque plus confiance quand je pars avec une femme qu'avec un homme ! Notre métier est très multitâche : il faut être capable, en même

temps, d'écouter la radio, de piloter, de répondre au chef de cabine… Faire plusieurs choses à la fois, on sait faire, et bien faire ! Il faut surtout savoir réagir vite, on n'a pas le temps de s'arrêter pour réfléchir. C'est un métier technique mais aussi fondamentalement humain. Il faut savoir écouter l'autre, même si la responsabilité finale incombe toujours au commandant de bord. Quand je participe à des carrefours des métiers, je dis aux jeunes filles : "Allez-y ! C'est plus agréable d'être assis à l'avant que de servir, debout, des plateaux-repas à l'arrière, et ça ne demande pas de force physique."
Durant dix ans, j'ai piloté sur divers appareils, Boeing 727, 747 et Airbus A320. C'est à ce moment-là que j'ai eu mes deux enfants, et j'ai choisi de travailler à mi-temps pour m'occuper d'eux. J'ai donc refusé de passer commandant de bord. En fait, c'est en restant copilote plus longtemps que les autres que j'ai eu l'opportunité d'être sur la liste pour passer sur Concorde, au bout de quinze ans d'ancienneté. Un jour, le collègue qui était derrière moi sur la liste me téléphone pour me dire : "Si tu n'y vas pas, j'y vais !" J'y suis allée, bien sûr. Pourtant, je n'y pensais plus. J'avais choisi de me consacrer à ma famille, pas de piloter le Concorde. Mon nom étant sur la liste, le rêve devenait réalisable. La formation était bien évidemment particulière. Il fallait apprendre tout son fonctionnement en mode subsonique et supersonique, les pannes possibles, les simulations… Tout était doublé. C'est à ce moment que l'accident a eu lieu. Une véritable tragédie, je connaissais plusieurs membres d'équipage. Nous étions tous sidérés.
Les vols ont été interrompus pendant un an, le temps de faire divers aménagements sur l'appareil. Les entraînements ont repris à Châteauroux, sur simulateur. Mon premier vol hors ligne (sans passagers) a eu lieu le 11 septembre 2001. J'étais tellement heureuse ! Jusqu'à ce que l'amie que j'appelais pour lui raconter m'apprenne la terrible nouvelle des attentats. Plus tard, lorsque j'ai fait mon premier vol commercial jusqu'à New York, j'étais tellement concentrée que je n'ai pas pu en profiter. C'est seulement en débarquant, lorsque j'ai vu l'avion depuis la passerelle que j'ai réalisé : "Je viens d'arriver en Concorde !"
Le moins qu'on puisse dire, c'est qu'on est loin de la vie de bureau… Il n'existe aucune routine dans le métier de pilote. Depuis 1990, je pilote sur long-courrier, et près d'un vol sur deux a lieu la nuit. Entre les différentes destinations, les équipages, et bien sûr les conditions climatiques, on ne fait jamais deux fois le même vol. Rien ne vaut le bonheur d'être au-dessus des nuages, le spectacle est à chaque fois à couper le souffle. Ça me passionne toujours autant, en dépit de mes très nombreuses heures de vol ! »

“

Quand je suis entrée chez Air France, j'étais la dixième femme sur plus de 3 000 pilotes.

Béatrice Vialle

Danièle Thompson

C'est une « fille de », mais qui l'assume pleinement : Danièle Thompson a grandi auprès de son père, Gérard Oury, qui lui a transmis sa passion de l'écriture de scénarios. Elle fait ses débuts en 1966, à 22 ans, comme coscénariste pour le film *La Grande Vadrouille*. À l'époque, elle est l'une des rares femmes scénaristes françaises. Elle travaille en binôme avec son père, jusqu'à *Vanille Fraise*, en 1989. Parmi ses succès : *La Folie des Grandeurs*, *Les Aventures de Rabbi Jacob*, *La Boum*... En 1999, elle réalise son premier film : *La Bûche*.

Travaillant avec Louis de Funès et Sophie Marceau, Isabelle Adjani ou encore Jean-Paul Belmondo, la scénariste et réalisatrice Danièle Thompson a appris le métier dans l'ombre de son père, Gérard Oury, avant de prendre son envol et de gagner ses galons dans le panthéon du cinéma français.

Je suis restée longtemps invisible

« Enfant, je me souviens de ces réunions dans le salon familial, autour de mon père, où j'assistais à ce processus étrange qu'est l'écriture d'un scénario. Je suis restée longtemps spectatrice, écoutant d'une oreille très attentive. Pour *Le Corniaud*, j'ai participé à plusieurs séances de travail entre mon père et Marcel Jullian. Après le succès du film, j'ai intégré pleinement cette petite équipe pour *La Grande Vadrouille*, mon premier film en tant que coscénariste. Jusqu'au début des années 1980, je travaillais dans l'ombre de mon père. Cette situation ne m'a pas du tout gênée. J'apprenais mon métier et j'avais bien conscience de participer à une aventure qui me passionnait. Oubliée mon année en fac de droit où je m'étais profondément ennuyée, pensant devenir avocate ! Petit à petit, j'ai eu envie de travailler avec d'autres metteurs en scène. Mais il a fallu du temps avant que mon téléphone sonne, et qu'on arrête de me considérer simplement comme le "scribe de son père". Être la fille de Gérard Oury* ne voulait pas dire grand-chose. On avait une grande complicité, une grande liberté, nous formions une sorte d'équipe. Comme une fille de boulanger ou d'ébéniste qui apprend le métier sur place, je n'ai pas fait d'école de cinéma ou de scénariste, j'ai été immédiatement propulsée dans l'écriture. Nous écrivions ensemble, travaillant autant, et j'étais traitée d'égal à égal, mais nous étions les seuls à le savoir !

* *Gérard Oury, Mon père, l'as des as*, Éditions de La Martinière, 2019.

Il est vrai qu'en tant que jeune femme, et de surcroît, la fille de Gérard Oury, je suis restée longtemps invisible. Puis, un jour, Édouard Molinaro m'a appelée pour me proposer d'adapter, pour la télévision, les *Claudine* de Colette. À l'époque, au milieu des années 1970, les grands scénaristes français méprisaient la télévision. Je m'y suis lancée avec plaisir. Si mon père était encore là aujourd'hui, je pense qu'il aurait écrit une comédie sur les Gilets jaunes !

Il a fallu du temps avant que mon téléphone sonne, et qu'on arrête de me considérer simplement comme le "scribe de son père".

Partout dans le monde, et depuis l'affaire Weinstein, la revendication d'égalité salariale prend de l'ampleur

Aujourd'hui, les femmes scénaristes sont, heureusement, bien plus nombreuses que lorsque j'ai démarré. L'un des aspects les plus périlleux de notre métier, c'est de trouver les financements pour produire le film. De ce point de vue, les hommes et les femmes rencontrent les mêmes difficultés : il n'y a aucun sexisme en la matière. Quant à la place des femmes dans la profession, je dirais que c'est un lent progrès. Depuis une vingtaine d'années est apparue une génération de femmes auteures ou metteuses en scène qui parviennent à exercer leur métier comme des hommes. En revanche, il reste l'épineuse question de la rémunération, qui concerne également les actrices. Partout dans le monde, et depuis l'affaire Weinstein, la revendication d'égalité salariale prend de l'ampleur. Je pense que c'est en train de s'équilibrer, mais on n'y est pas encore. Il n'est pas normal qu'une femme gagne moins qu'un homme pour un métier équivalent. Il faut gagner cette bagarre-là. Je suis l'exemple même de quelqu'un qui n'a jamais cessé de travailler, enfonçant les portes qui ne s'ouvraient pas. Je me considère comme très privilégiée, mais je suis aussi très consciente que ça a pris un temps fou. Tout ce qu'on peut souhaiter aujourd'hui pour les jeunes femmes, c'est que le processus s'accélère.

Pour ce qui est de l'importance des femmes dans les intrigues elles-mêmes, je suis actuellement en plein travail d'écriture de la suite de *Rabbi Jacob*, qui est ressorti sur les écrans de cinéma l'été dernier : *Rabbi Jacqueline* verra peut-être le jour. C'est encore plus difficile que pour le premier ! Je me souviens, avec mon père, avoir vécu plusieurs semaines de pages blanches : impossible d'écrire la moindre ligne ! Au point que nous sommes partis une semaine en Israël, envisageant d'y poursuivre l'histoire. Nous avions imaginé un détournement d'avion. Finalement, de retour à Paris, nous y avons renoncé pour continuer l'intrigue dans une épicerie juive à Paris, dans le Marais !

Après toutes ces années, je rencontre encore des personnes qui connaissent les répliques par cœur, tant ce film est passé à la postérité. Finalement, ce qui m'importe et ce qui me fait plaisir, c'est lorsque les gens qui ont vu mes films me disent simplement qu'ils ont passé un bon moment. »

> “ Aujourd'hui, les femmes scénaristes sont, heureusement, bien plus nombreuses que lorsque j'ai démarré.

Danièle Thompson

Bettina Rheims

C'est en s'enfermant dans un petit atelier photo de son école que Bettina Rheims goûte à la photographie. Quarante ans plus tard, son appareil ne l'a toujours pas quittée. À ses débuts, elles étaient à peine cinq femmes dans ce milieu. Pionnière, elle a toujours axé son travail sur les femmes, une œuvre artistique résolument féministe qu'elle revendique. De Madonna à genoux, à Monica Bellucci couverte de ketchup en passant par des portraits de femmes détenues en prison, ses clichés sont toujours engagés.

Des portraits troublants, des mises en scène punk et glamour, des stars ou des anonymes, l'œuvre de Bettina Rheims dépasse largement l'univers de la mode. Féministe active, elle a passé sa vie à photographier les femmes : c'est à travers son objectif qu'elle exprime le mieux son engagement.

Je n'avais jamais eu le sentiment d'être aussi utile

« Photographier des femmes détenues*, c'est vraiment un projet que je dois à Robert Badinter. Plusieurs fois, il m'a dit : "Bettina, vous devez aller en prison. Être une femme en prison, c'est une sorte de double peine, et personne n'en parle." J'étais alors sur plusieurs projets à la fois, jusqu'au jour où j'ai fini par contacter, de sa part, une personne au ministère de la Justice à qui j'ai écrit une lettre, restée longtemps sans réponse. Puis au bout de six mois, j'ai reçu un courrier me demandant de venir, le lendemain, présenter mon projet auprès de l'administration pénitentiaire. Je n'en avais pas ! Je ne savais pas ce que j'allais faire : je voulais faire plaisir à Robert Badinter. En y travaillant, je me suis rendu compte qu'il y avait un point commun entre toutes ces femmes. Paradoxalement, elles étaient probablement en prison à cause d'un homme ou de plusieurs, et en même temps, n'étant plus regardées par des hommes, elles abandonnaient leur féminité, perdaient l'envie de se plaire à elles-mêmes avant de plaire aux autres. Alors, je me suis dit que je pouvais les regarder, faire leur portrait qu'elles pourraient ensuite donner à leurs proches ou conserver comme l'un des moins mauvais souvenirs de ces moments en prison. Si je suis fière d'un travail, c'est bien de celui-là. Je n'avais jamais eu le sentiment d'être aussi utile. C'était à la fois terrifiant et magnifique.

* Bettina Rheims, *Détenues*, Gallimard, 2018.

La photo m'est venue un peu par hasard

Très jeune, j'ai baigné dans le milieu de l'art. J'étais en rébellion contre ma famille : je suis partie de chez moi à 17 ans, sans jamais y retourner. Longtemps après, j'ai pu rendre à mon père tout ce qu'il m'avait donné, sans que j'en aie conscience. À cette époque, dans la bourgeoisie française d'après-guerre, on ne s'occupait pas de ses enfants. À la maison, nous avions une nurse et nous vivions à un autre étage, croisant nos parents sans qu'il y ait avec eux beaucoup de liens. La photo m'est donc venue un peu par hasard. Je n'aimais pas l'école, je ne voulais pas étudier, j'étais dans un établissement très progressiste. J'ai alors ouvert un petit atelier photo dans l'école. Quand l'ampoule rouge était allumée, je pouvais être seule dans ce labo, et j'y étais bien : j'avais trouvé ma place. C'était il y a quarante ans, mais mon appareil ne m'a plus jamais quittée.

Quand l'ampoule rouge était allumée, je pouvais être seule dans ce labo, et j'y étais bien : j'avais trouvé ma place.

De toutes ces années, je garde des souvenirs formidables. Je me suis beaucoup amusée. J'ai eu la chance de réussir à avoir toujours un pied dans chaque univers : j'avais des commandes, notamment pour la publicité et les magazines partout dans le monde, et cela me permettait de m'arrêter pendant six mois pour réaliser mes projets.

Quand j'ai débuté, nous étions à peine cinq femmes dans le milieu

Mon travail est féministe. J'ai toujours aimé les femmes et eu à cœur de montrer ce qu'elles sont, un mélange de force et de fragilité, et de ne jamais les trahir. Les gens me demandent toujours comment j'ai mis Madonna à genoux, couvert Monica Bellucci de ketchup, etc. D'abord, c'était un jeu entre nous, et entre femmes, il n'y a pas de voyeurisme comme avec un homme photographe. Quand j'ai débuté, nous étions à peine cinq femmes dans le milieu. Aujourd'hui, il y en a plein et c'est formidable. Mais à mon époque, nous étions des pionnières.
On m'a souvent reproché de faire un travail d'homme. Les féministes de l'époque ne m'aimaient pas, trouvant mes photos trop sexuelles. Elles estimaient que ces clichés auraient dû être pris par un homme. Les femmes faisaient un travail plus doux dans les années 1980, comme de la broderie. Or, j'avais un œil qui était plus fort, plus transgressif. Je ne pourrais plus refaire ce type de photos aujourd'hui, les images sont devenues plus lisses. J'ai arrêté par manque de liberté : je ne pouvais plus faire ce que je voulais. Je suis persuadée qu'il faut parfois aller un peu trop loin pour attirer l'attention, pour que les gens prennent le temps de s'interroger, de revoir un jugement trop hâtif, et de réfléchir, face à une photo.
C'est très compliqué de transmettre cela. J'ai donné quelques cours à Sciences-Po, mais c'est très délicat parce qu'aujourd'hui, la photographie a beaucoup changé, avec le numérique et les réseaux sociaux. Je crois que je suis une espèce de dinosaure !

Ce qui est étrange dans ce métier, c'est de parvenir à une vraie intimité avec des gens qu'on voit pour la première fois. Il faut déployer toute une séduction, comme pour un "coup d'un soir" d'une certaine manière. C'est absolument merveilleux, magnifique et épuisant à la fois ! J'ai souvent aimé les gens pour leur intelligence et je les ai photographiés pour leur beauté, même si les mannequins sont les deux à la fois. Je crois que la photographie ne me manquerait pas autant que l'émotion que je vis chaque jour. C'est de cela que je suis reconnaissante, ces rencontres avec tous ces gens qui m'ont tellement bouleversée. »

“ Mon travail est féministe. J'ai toujours aimé les femmes et eu à cœur de montrer ce qu'elles sont, un mélange de force et de fragilité, et de ne jamais les trahir.

Bettina Rheims

Laurence Fischer

Laurence Fischer est une combattante à plus d'un titre. Cette karatéka est triple championne du monde de karaté et sept fois championne d'Europe. Dans les esprits, sport de combat rime avec masculinité, il lui faut donc lutter contre les remarques sexistes. En 2006, à l'âge de 33 ans, elle met fin à sa carrière et se consacre à sa deuxième passion, le théâtre. Elle est aussi fondatrice de l'association Fight for Dignity, afin d'aider les femmes victimes de viol et de violences à se reconstruire par le sport.

« J'ai commencé le karaté quand j'avais 12 ans. Mon père m'a embarquée dans cette aventure avec mon grand frère. Très timide et introvertie, j'ai trouvé là un moyen de m'exprimer.

Les filles ont besoin de modèles

Faire un sport de combat quand on est une femme, pour de nombreuses personnes, cela ne va pas de soi. J'ai rencontré beaucoup de préjugés sexistes, et essuyé des remarques sur mon apparence et sur ma sexualité. C'est absurde, mais de nombreux hommes pensent que, comme je suis une karatéka, je suis nécessairement homosexuelle et virile. Souvent, certaines femmes s'étonnent aussi que je puisse rester féminine et que mon corps ne porte pas les stigmates du combat, comme s'il y avait un lien entre le karaté et la masculinité. Les femmes ont seulement eu accès à la compétition dans les années 1980. Il nous a fallu rattraper notre retard technique sur les hommes, mais aussi faire accepter la prise en compte de notre corps dans notre pratique quotidienne. Cela implique notamment de tenir compte de la fatigue et des changements hormonaux liés aux menstruations, qui ont un impact sur notre performance. La maternité pose aussi problème pour une athlète de haut niveau. Les femmes y réfléchissent à deux fois avant de décider d'avoir des enfants, de peur de ne pas réussir à revenir au plus haut niveau après leur grossesse. Pour ma part, j'ai eu deux enfants, mais seulement après avoir raccroché le kimono, car il reste difficile de construire une vie affective stable dans cet environnement ultra-compétitif. Aujourd'hui, seuls 38 % des 200 000 licenciés en karaté sont des femmes.
Il est important de faire bouger les choses, car les filles ont besoin de modèles.

> “ De nombreux hommes pensent que, comme je suis une karatéka, je suis nécessairement homosexuelle et virile.

Je veux aider les femmes victimes de violences à se réapproprier leur corps grâce au karaté

En 2017, j'ai fondé l'association Fight for Dignity* pour aider les femmes victimes de viols et de violences à se reconstruire par la pratique du sport. J'ai réalisé que leur corps n'était jamais pris en compte dans le parcours de soins et dans le travail de résilience qu'on leur proposait. L'idée d'aider les femmes avec le karaté m'est venue en rencontrant le docteur Denis Mukwege, prix Nobel de la paix qui travaille auprès de femmes victimes de viol ou d'excision. Il m'a raconté son parcours de gynécologue obstétricien, et m'a expliqué comment il était malheureusement devenu spécialiste en chirurgie réparatrice des parties génitales des femmes utilisées comme arme de guerre. J'ai été bouleversée par son témoignage. Je me suis rendue à l'hôpital de Panzi au Congo, où il exerce, afin de rencontrer les survivantes et de leur proposer une activité sportive adaptée. Après deux ans de cours de karaté, certaines femmes m'ont demandé de les former, dans le but de retourner dans leur village et d'y transmettre à leur tour la pratique.
Ce résultat allait au-delà de mes espérances. Je suis rentrée en France, convaincue de la nécessité de continuer, et d'aller plus loin encore. J'ai alors réalisé qu'il fallait structurer les choses et proposer cette démarche à de nombreuses femmes. C'est ainsi que j'ai commencé à travailler avec la Maison des femmes de Saint-Denis. Je veux les aider à se réapproprier leur corps grâce au karaté, et à retrouver ainsi l'estime de soi. »

** fightfordignity.net*

“

Après deux ans de cours de karaté, certaines femmes m'ont demandé de les former, dans le but de retourner dans leur village et d'y transmettre à leur tour la pratique. Ce résultat allait au-delà de mes espérances.

Laurence Fischer

Mercedes Erra

Catalane née en 1954, Mercedes Erra fait partie de ces femmes à la carrière fulgurante. Présidente de Havas Worldwide, elle a fondé BETC, agence française de publicité la plus primée au monde. Cette femme d'affaires et mère de cinq enfants a contribué à des campagnes de publicité fondamentales pour les marques dont elle s'est occupée : la santé pour Danone, la jeunesse pour Évian, Air France « Faire du ciel le plus bel endroit de la terre »... Après avoir débuté dans l'agence de publicité Saatchi & Saatchi, cette féministe convaincue a toujours été la première femme à occuper les postes à responsabilité.

« Lorsque je suis arrivée d'Espagne à 6 ans, avec mes parents, dans la France des années 1960, je ne parlais pas un mot de français. Je l'ai appris en écoutant France Inter.

Si on veut accélérer les choses, il faut fixer des règles

Après quatorze ans au sein de l'agence de publicité Saatchi & Saatchi, dont j'ai été directrice générale, je décide en 1995 de rejoindre mes amis Rémi Babinet et Eric Tong Cuong pour fonder une agence de pub dont je suis le "E" : BETC. Les débuts ont été bien plus difficiles que je ne l'imaginais. J'étais naïve. Travailler avec ces deux associés n'a pas été agréable : ces garçons avaient une idée préconçue de ce que j'allais faire dans l'entreprise. À eux, la création, à moi, l'organisation. Ils pensaient que je devais tout ranger sans les déranger, et je n'ai pas protesté. J'ai subi des inégalités salariales, car ils se sont partagé les actions entre eux. Je ne l'ai hélas découvert que cinq ans plus tard ; comme j'étais armée, je n'imaginais pas qu'une chose pareille puisse m'arriver. Quand la presse appelait, mes associés se jetaient sur le téléphone. Les hommes se mettent davantage en avant que les femmes. Il ne faut pas les laisser faire en se disant que ce n'est pas grave. Dans les équipes de chercheurs, ce sont les filles qui effectuent les travaux, mais les garçons qui les présentent et décrochent le prix Nobel.

Ces difficultés m'ont aidée à grandir et beaucoup appris. J'ai été la seule femme presque partout. J'ai vu des situations dignes de la série *Mad Men*. Si j'ai accepté de prendre la présidence de l'Association des agences-conseils en communication (AACC), c'est parce que je me suis dit qu'il fallait bien une première femme pour qu'il y en ait une deuxième. Je me suis battue pour imposer des quotas féminins dans le conseil d'administration des entreprises. Au début, ce n'était pas évident, car les filles refusaient d'être réduites à des quotas alors qu'elles avaient bataillé. Pour elles, cela manquait de noblesse. Pour moi, c'est

Les hommes se mettent davantage en avant que les femmes. Il ne faut pas les laisser faire en se disant que ce n'est pas grave.

un faux problème : si on veut accélérer les choses, il faut fixer des règles. Il y a très longtemps eu 100 % de quotas masculins, et personne ne s'en est plaint.

On me demandait toujours si je pensais pouvoir réussir à la fois ma vie professionnelle et ma vie privée

Je n'ai jamais compris pourquoi on me demandait toujours si je pensais pouvoir réussir à la fois ma vie professionnelle et ma vie privée. J'ai cinq enfants, dont des jumeaux et un d'une précédente union de mon mari. C'est peut-être trop. Ils ont entre 23 et 30 ans aujourd'hui, mais ils m'ont beaucoup occupée petits, car je ne me suis pas économisée. J'ai pris peu de temps pour moi, c'était une erreur. Mon mari a décidé d'arrêter de travailler pour rester à la maison et cela a fait jaser. On disait : "Elle bosse comme une dingue, mais est-ce qu'elle s'occupe vraiment de ses enfants ?" Quelques années plus tard, je ne le recommande pas. Les humains sont faits pour être à la fois dans leur foyer et au-dehors, pour l'équilibre des enfants. J'étais contente que mon mari soit là le soir, ainsi, je n'avais pas d'angoisse causée par mon absence, mais ça n'a pas changé l'équilibre des choses : je m'occupais malgré tout de nombreux sujets. Si j'avais eu une femme à la maison, ça aurait été plus efficace ! Cependant mon mari aime les femmes qui réussissent, ce qui m'a beaucoup aidée. Concernant l'intendance de la maison, heureusement, j'avais mes nounous. C'étaient mes stars !

Si j'ai ouvert la brèche aux femmes, je l'ai fait parce que je ne peux pas faire autrement que de militer. On doit tous être féministes, puisque le féminisme c'est la volonté de traiter les hommes et les femmes à égalité. Ce mot fait de moins en moins peur, heureusement. »

“ Je ne peux pas faire autrement que de militer. On doit tous être féministes, puisque le féminisme c'est la volonté de traiter les hommes et les femmes à égalité.

Mercedes Erra

Rachida Dati

Être une femme d'origine étrangère issue d'une fratrie de onze enfants lui a valu des propos sexistes et racistes, mais cette icône de « l'intégration à la française » inspire également l'admiration. Rachida Dati est en effet la première personnalité politique née de parents immigrés maghrébins à avoir exercé une fonction régalienne. Magistrate et conseillère de Nicolas Sarkozy, elle devient sa porte-parole durant la campagne présidentielle de 2007. Après sa victoire, elle est nommée garde des Sceaux jusqu'en 2009, puis sera députée européenne pendant dix ans. Depuis 2008, elle est maire du 7e arrondissement de Paris.

Son franc-parler et sa combativité lui ont toujours conféré une place à part sur l'échiquier politique. Fille d'immigrés, à force de volonté et d'audace, elle a creusé son sillon. Son mantra : le travail. Sa devise : se donner les moyens d'avoir le choix. Sa force : l'amour et le soutien des siens.

« Lorsque je pense à mon premier Conseil des ministres, le 18 mai 2007, c'est d'abord l'image d'une horde de photographes qui me vient en tête. C'était un moment important. J'en ai d'ailleurs reparlé récemment avec Nicolas Sarkozy. C'est vrai que j'ai accepté la charge du ministère de la Justice – et quelle charge ! – en pensant à mes parents. À l'époque, je n'avais plus que mon père, ma mère était décédée depuis un certain temps. Elle avait assisté à ma prestation de serment comme magistrat, je portais la robe de Simone Veil, et c'était pour elle la plus belle des consécrations. La veille de cette journée de 2007, j'avais passé la soirée chez une de mes sœurs, avec mon père. Nous avons beaucoup pleuré, c'était une émotion très forte. J'ai pu accéder à ce poste grâce à l'autorité, la force de mon père et au sens de la vie inculqué par Maman. Ce 18 mai, la nuée de journalistes était impressionnante, et elle ne m'a jamais quittée durant tout mon mandat ! Il m'est arrivé de ne pas rentrer dormir chez moi le soir parce que des photographes m'attendaient au pied de mon immeuble. Heureusement, j'avais créé une sorte de bulle avec mes proches, mes équipes, mes collaborateurs. Mais ce fut ainsi non-stop, tous les jours, y compris durant ma grossesse puis à la naissance de ma fille.

C'est mon parcours personnel qui a frappé l'opinion et non mon origine

L'étiquette d'"icône de la diversité" n'a pas de sens dans mon cas. Il faut arrêter de se cacher derrière ces termes car on n'ose pas dire les mots. "Diversité", parce que je suis d'origine maghrébine ? Parce que je suis une femme ? Selon moi, les Français ont été sensibles à mon parcours, à ma condition sociale d'origine. L'ascension sociale n'est pas liée à la diversité. D'autres femmes d'origine étrangère ont connu des parcours ascensionnels, mais elles étaient issues de milieux aisés, d'une certaine *nomenklatura*. Au contraire, mes parents ne savaient ni lire ni écrire quand ils sont arrivés en France, nous vivions dans des baraquements, puis dans la première HLM, à Chalon-sur-Saône. J'ai commencé à travailler à 14 ans, je faisais du porte-à-porte en vendant des produits de beauté. C'est mon parcours personnel qui a frappé l'opinion et non mon origine. Quand je repense au jour où j'ai présenté mon premier projet de loi à l'Assemblée nationale… Ma famille était présente, dans la tribune réservée au public. Je revois mon père en costume. Je portais une veste blanche, je me souviens très bien. Ce fut une émotion très forte. Qui aurait pu l'imaginer ? *(Silence.)* Je n'ai pas oublié d'où je viens, ni ce que j'ai vécu. J'estime avoir eu énormément de chance. Quand je suis revenue chez moi avec le brevet, puis le bac, on m'a regardée comme si j'avais eu Polytechnique ! Je ne veux pas être perçue comme une curiosité, je veux partager ce succès. C'est pour cela que je me suis investie dans une association pour aider les jeunes. Il est faux de dire que seul le travail suffit pour y arriver : l'environnement familial peut

être dégradé par des violences, des souffrances, des difficultés matérielles. Quand vous n'avez pas d'électricité, de chauffage, que vous travaillez sur la table de la cuisine, qu'on pose la cocotte sur votre devoir, y laissant des traces – je l'ai vécu ! –, et qu'on se moque de vous à l'école, tout cela marque. Cela ne m'a jamais quittée. Et ça s'est ressenti dans mon action politique, dans certains des textes que nous avons fait voter.

Qu'est-ce que le féminisme, si ce n'est l'amélioration de la condition sociale des femmes ?

J'ai toujours aimé travailler avec les femmes. Petite, je me souviens que les femmes de mon quartier se retrouvaient à la PMI *[N.D.É. : Protection maternelle et infantile]*, pas seulement pour faire peser leur bébé, mais simplement pour se réunir entre elles et échanger. Je me souviens aussi de l'entraide, de la disponibilité, lorsque certaines subissaient des violences ou que d'autres voulaient se faire avorter. Finalement, qu'est-ce que le féminisme, si ce n'est l'amélioration de la condition sociale des femmes ? Ce sont toujours elles les premières victimes des difficultés, du chômage, des violences. Ma mère n'a pas eu une vie facile, mais elle m'a appris qu'il fallait assumer ses choix. Dès lors, je savais ce que je ne voulais pas dans la vie, et ça a été mon combat. Une chose est sûre : je souhaitais que les femmes de ma génération et les suivantes puissent avoir le choix. La vie est violente, surtout en politique. Le sexisme et le machisme sont plus visibles, car étalés sur la place publique. Je me souviens d'avoir eu cette discussion un jour, en avion, avec Nicolas Sarkozy alors que Valérie Pécresse, ministre de l'Enseignement supérieur, était sur la sellette pour son texte sur les universités. On pardonne moins aux femmes, surtout lorsqu'elles arrivent à des postes jusque-là exclusivement tenus par des hommes. On ne sort pas indemne de tout cela. Je ne crois pas à l'adage : "Tout ce qui ne vous tue pas vous rend plus fort." On tient son rang parce qu'on incarne une fonction. Personne ne m'a forcée à être maire ou ministre, mais la violence des attaques que j'ai subies m'a profondément blessée, lorsqu'elles touchaient ma famille. C'est de la violence gratuite. Mon père avait peur pour moi. J'avais choisi ce milieu, pas eux.

Lorsque j'ai été élue maire du 7e arrondissement, en 2008, ce fut ma plus grande fierté, bien plus que d'avoir été nommée ministre. C'est le mandat de la proximité, de la vitalité et de l'action, on peut agir et obtenir des résultats tangibles. C'est un engagement total, bien souvent sept jours sur sept. Ce n'est pas facile pour ma fille qui a aujourd'hui 10 ans : elle voudrait m'avoir davantage rien que pour elle. Je n'ai pas l'ambition de laisser une trace, mais j'aimerais que, plus tard, elle n'ait pas à rougir de mon action politique et publique. »

> “ On pardonne moins aux femmes, surtout lorsqu'elles arrivent à des postes jusque-là exclusivement tenus par des hommes. On ne sort pas indemne de tout cela.

Christine Ockrent

Le risque ne lui fait pas peur, et à la vue de son CV, il n'y a aucun doute là-dessus. Christine Ockrent, journaliste née en 1944 en Belgique, est la première femme à avoir présenté régulièrement le journal télévisé de 20 heures en France, de 1981 à 1985. Surnommée « la reine Christine », elle reçoit le Sept d'or du meilleur présentateur de JT. Elle poursuit sa carrière comme rédactrice en chef de RTL, directrice adjointe de TF1, dirigeante de *L'Express* et directrice de France 24. Elle a également publié de nombreux ouvrages, notamment sur la place des femmes dans la société. Elle anime aujourd'hui l'émission « Affaires étrangères » sur France Culture, le samedi, de 11 heures à midi.

À une époque où le journalisme politique était presque exclusivement traité par des hommes, Christine Ockrent est parvenue à s'y faire une place. Depuis plus de trente ans, elle est une figure majeure des grands médias d'information, de TF1 à France 24.

Assumer la responsabilité de présenter le JT me semblait évident

« Avant de prendre l'antenne pour mon tout premier journal télévisé sur Antenne 2, en 1981, j'étais très calme, sans doute parce que très inconsciente. Internet n'existait pas, et il n'y avait que trois chaînes à l'époque, le JT pouvait donc réunir jusqu'à 13 millions de téléspectateurs. C'était une responsabilité d'autant plus grande. La technologie a tout modifié en matière de télévision. Les années 1980 à 1990, c'était l'époque bénie. Les choses allaient moins vite, on avait le temps de laisser leur place aux silences et d'approfondir, ce qui n'est plus le cas aujourd'hui, compte tenu de la multiplication des moyens de s'informer.

Je n'ai heureusement pas eu l'impression d'ouvrir la voie, ni d'être un exemple pour les femmes. Contrairement à grand nombre de mes camarades dans la rédaction, assumer la responsabilité de présenter le JT me semblait évident. C'était normal, il était temps ! Quand j'ai eu l'immense chance d'être nommée à cette fonction, je ne me suis pas dit : "Quelle responsabilité vis-à-vis des femmes !" J'y suis allée avec une sorte d'innocence, et de certitude. Avant que Pierre Desgraupes, le P.-D.G. d'Antenne 2, ne me confie le "20 heures", j'ai travaillé sur FR3, à l'époque dirigé par Jean-Marie Cavada. Un jour, ce dernier annonce en direct à l'antenne : "Dorénavant il y aura une rubrique consacrée à la politique internationale, elle sera assurée par Christine Ockrent, mais c'est une femme." Je le lui ai rappelé récemment, il ne s'en souvenait pas du tout ! J'ai entendu beaucoup de remarques sexistes. Mais si on s'y arrête, on ne fait jamais rien. Je crains que les préjugés à l'encontre des femmes ne soient toujours les mêmes.

J'ai entendu beaucoup de remarques sexistes. Mais si on s'y arrête, on ne fait jamais rien.

Ce qui change, c'est la libération de leur parole. Comme elles s'expriment davantage, certains hommes se sentent fragilisés, mais cela ne veut pas dire que leurs comportements sont tellement différents. On l'a vu récemment avec les épisodes grotesques et pathétiques de l'affaire de la Ligue du LOL, cette bande de jeunes gens faussement cool qui échangeaient leurs plaisanteries sexistes sur Twitter, en se pensant à l'abri pour insulter leurs voisines de rédaction. Rien ne m'indigne autant que la haine sur les réseaux sociaux. Cet anonymat, cette manière de cracher et d'entretenir la haine est insupportable.

Les rares femmes visibles à l'antenne étaient des speakerines

J'ai toujours aimé les aventurières du XIXe siècle, comme Alexandra David-Néel, et les grandes espionnes du Moyen-Orient. Lorsque j'étais enfant, je voulais être archéologue. Puis, je me suis rendu compte que c'était formidable quand on découvrait quelque chose, mais qu'on pouvait aussi gratter pendant longtemps sans jamais rien trouver ! Alors, je suis devenue journaliste. Il arrivait qu'on me prenne pour Denise Fabre quand j'allais faire mes courses, car avant que les choses ne changent, notamment grâce à Anne Sinclair, les rares femmes visibles à l'antenne étaient ce qu'on appelait des speakerines.

Comme Hillary Clinton, à qui j'ai consacré un livre, je fais partie de cette génération de femmes qui voulaient tout à la fois : le pouvoir, le bonheur, la maternité et tout ce qui les accompagne, l'indépendance, la réussite, la féminité...
Moi, j'y suis allée au petit bonheur la chance, et de la chance, j'en ai eu beaucoup. Quand des jeunes filles me disent : "C'est grâce à vous que je suis devenue journaliste", le compliment me fait plaisir, même s'il me vieillit ! Le conseil que je leur donnerais aujourd'hui, c'est de choisir le risque. Comme le disait la philosophe Simone Weil : "Le risque est un besoin essentiel de l'âme." »

“

Je fais partie de cette génération de femmes qui voulaient tout à la fois : le pouvoir, le bonheur, la maternité et tout ce qui les accompagne, l'indépendance, la réussite, la féminité... Moi, j'y suis allée au petit bonheur la chance, et de la chance, j'en ai eu beaucoup.

Christine Ockrent

Marie-Amélie Le Fur

En 2004, à la suite d'un accident de la route, Marie-Amélie Le Fur est amputée de la jambe gauche. L'athlétisme la sauve. En 2012, aux Jeux paralympiques de Londres, elle remporte sa première médaille d'or sur 100 mètres. Elle détient 8 médailles paralympiques et a gagné 12 médailles aux championnats du monde. En 2018, elle est élue présidente du Comité paralympique et sportif français.

« Mon rêve de petite fille ressemble plutôt à un rêve de petit garçon : je voulais être sapeur-pompier professionnel. Je m'étais destinée à cette carrière dès mon adolescence. J'avais organisé mes études de façon à pouvoir suivre la formation des jeunes sapeurs-pompiers. Parallèlement, je faisais de l'athlétisme en club, deux fois par semaine.

L'insouciance de mes 15 ans m'a beaucoup aidée

En 2004, alors que je me rends en scooter à un entraînement, un automobiliste me coupe la route et je m'écrase contre son véhicule. Ma jambe gauche est très abîmée. Les médecins n'arrivent pas à la sauver, malgré de multiples opérations. Trois jours après l'accident, ils prennent finalement la décision de m'amputer. J'ai 15 ans et c'est comme si l'épée de Damoclès que je sentais au-dessus de ma tête me tombait dessus d'un coup. Je me souviens de cette pesanteur dans la chambre d'hôpital, de la tristesse de mes proches. Je me suis dit qu'il fallait que je me batte.
Par chance, un an plus tôt, j'avais assisté aux championnats du monde d'athlétisme au Stade de France et vu des hommes amputés courir avec une prothèse. Quand j'ai appris que j'allais être amputée, je n'ai plus pensé qu'à la possibilité de faire comme eux. J'ai trouvé là un moteur pour me reconstruire. Les médecins m'avaient interdit de reprendre le sport avant un an : pour eux c'était le temps minimum nécessaire pour se remettre. J'ai fait mon deuil très vite : j'ai accepté mon handicap en quelques semaines, même si cela ne m'empêchait pas, bien sûr, de pleurer et d'avoir des doutes. On a fini par trouver un médecin qui accepte de signer un certificat médical me permettant de reprendre la course sous la responsabilité de mes parents. L'insouciance de mes 15 ans m'a beaucoup aidée. Je ne voyais pas en quoi le handicap pouvait m'empêcher d'avancer.

Ma différence me nourrit

L'amputation n'a pas signé la fin de ma vie, mais simplement le commencement d'une nouvelle. Je mène une existence totalement différente de celle que j'avais imaginée, mais dans laquelle je suis pleinement heureuse, grâce aux magnifiques rencontres que j'ai faites. Au lieu de me nuire, ma différence me nourrit. On arrive à être heureux en situation de handicap, dès lors qu'on s'accepte. Je peux en témoigner, même si ma prothèse me fait souffrir et que j'ai parfois bien du mal à monter un escalier. Au début, je ne comprenais pas les regards insistants que je sentais sur moi. J'avais l'impression que les gens me considéraient comme une bête de foire parce que j'étais différente. J'ai fini par réaliser que plus je cherchais à cacher mon handicap, moins les gens le comprenaient. Alors je n'ai plus dissimulé ma prothèse. Je ne m'interdis pas de porter des jupes, des collants et des chaussures à talons parce

> On arrive à être heureux en situation de handicap, dès lors qu'on s'accepte.

que j'aime ça et que je me sens bien ainsi. Un jour, quelqu'un m'a dit : "Vous savez, ce qui m'étonne le plus chez vous, c'est que vous soyez jolie et que vous souriiez." Les préjugés et les stéréotypes, quand vous êtes une femme en situation de handicap, vous les cumulez ! Je me suis engagée en 2017 dans une campagne de pub qui lutte contre la discrimination dans le sport. Il s'agit aussi d'utiliser le sport pour créer un lien social, et pour prouver aux jeunes qu'il existe un avenir pour eux.

Les Jeux de Londres, un souvenir magnifique

Je garde un souvenir très ému des Jeux olympiques de Londres en 2012, qui furent aussi magnifiques que magiques. J'y ai remporté mon premier titre de championne paralympique sur 100 mètres, la médaille d'argent au 200 cents mètres, et le bronze au saut en longueur. Fin 2018, l'ancienne présidente du Comité paralympique français m'a annoncé qu'elle quittait son poste et m'a proposé de soutenir ma candidature à sa succession. J'ai d'abord refusé, croyant que cette fonction ne serait pas compatible avec ma participation aux Jeux olympiques de Tokyo en 2020. En plus, je ne me sentais pas suffisamment qualifiée, j'avais peur de ne pas être à la hauteur face à des hommes expérimentés et bien plus âgés. J'ai eu la mauvaise réaction de penser que, parce que j'étais une jeune femme, je n'avais pas les compétences nécessaires, alors qu'un homme ne se serait pas posé la question.
La Fédération française handisport m'a fait confiance, alors, après trois semaines de réflexion, je me suis lancée et j'ai été élue présidente du Comité paralympique et sportif français, le 14 décembre 2018.
Le sport paralympique souffre, hélas, d'un manque de visibilité, au même titre que certaines disciplines comme l'aviron ou le pentathlon, qui n'existent qu'au moment des Jeux olympiques. Il faut profiter des Jeux paralympiques de Paris 2024 pour faire changer les mentalités vis-à-vis du handicap. On a une carte à jouer dès maintenant, avec la préparation des Jeux de Tokyo. Il faut créer une relation de proximité entre les sportifs et les téléspectateurs. Nous devons dédramatiser le handicap et mettre fin aux peurs qui entourent le sport paralympique. Nous voulons faire comprendre aux gens qu'ils vont d'abord voir des sportifs, et non des personnes handicapées. »

“

Nous devons dédramatiser le handicap et mettre fin aux peurs qui entourent le sport paralympique. Nous voulons faire comprendre aux gens qu'ils vont d'abord voir des sportifs, et non des personnes handicapées.

Marie-Amélie Le Fur

Chantal Thomass

Dans l'établissement religieux qu'elle fréquentait, elle modifiait déjà son uniforme. Chantal Thomass, fondatrice de la marque de lingerie du même nom, était prédestinée à devenir créatrice de mode. Elle débute en 1967 avec quelques robes qui seront portées par Brigitte Bardot et Michèle Mercier. Avec Sonia Rykiel, elle fait alors partie des rares femmes parmi les créateurs. En 1975, à une époque où les femmes boudent le soutien-gorge, elle lance sa collection de lingerie sexy. Guêpière, porte-jarretelles, corset et bas sont réhabilités. Elle inventera plus tard le collant en dentelle. Pour elle, on peut être féministe tout en assumant sa féminité.

« J'ai toujours aimé la mode et trouvé trop classique ce que l'on proposait aux jeunes filles. Comme ma mère était couturière, je lui demandais de me confectionner le genre de robes que j'avais envie de porter.

Une jolie lingerie vous donne de l'assurance, même si personne ne la voit

À 17 ans, je sortais beaucoup. Tout le monde s'enthousiasmait pour mes tenues et me conseillait de les vendre. Alors, j'ai fini par oser. J'ai fait faire à ma mère trois ou quatre robes, que j'ai envoyées dans une boutique de Saint-Tropez que je connaissais. C'est ainsi qu'elles se sont retrouvées sur le dos de Brigitte Bardot, puis de Michèle Mercier en 1967, et que je me suis lancée dans le prêt-à-porter. Comme je trouvais qu'il n'existait pas de jolis sous-vêtements, j'ai créé pour mes défilés culottes, soutiens-gorge, porte-jarretelles et guêpières dans des couleurs vives : rouge, orange, vert et bleu. Je n'avais aucune intention de les vendre, mais les gens les ont remarqués sous les jupes fendues et les blouses transparentes que portaient les mannequins. Tout le monde a adoré et m'en a réclamé, alors j'ai fait aussi de la lingerie.

À l'époque, on avait juste le droit à des culottes de grand-mère, couleur chair, noir ou blanc, absolument pas confortables car les élastiques cassaient et le Lycra n'existait pas. Les fabricants ne proposaient que des modèles extrêmement classiques et très couvrants. La lingerie était purement fonctionnelle. Un soutien-gorge, c'était fait pour soutenir, pas pour être joli. Alors, j'ai créé des collections d'été et d'hiver, comme dans la mode, et cela a déculpabilisé les hommes qui ont osé acheter des sous-vêtements. Même si la lingerie les fait fantasmer, j'ai toujours travaillé avant tout pour les femmes, en pensant au plaisir qu'elles auraient à porter mes modèles. Ma plus grande fierté, c'est de leur avoir apporté du bonheur, de leur avoir permis de se mettre en valeur, de se sentir belles et bien dans leurs corps. Une jolie lingerie vous donne de l'assurance, même si personne ne la voit.

Les bas qui existaient autrefois ne me plaisaient pas non plus. Or, j'en avais besoin pour mes porte-jarretelles. J'ai donc acheté des gros bas de religieuses en coton blanc, que j'ai fait teindre dans toutes les couleurs pour qu'ils soient opaques. Pourtant, je continuais à trouver dommage de ne pas habiller joliment la jambe en entier. J'ai eu envie de collants en dentelle parce que j'adore cette matière. Je suis alors allée en acheter à Calais, puis j'ai fini par trouver une société qui accepte de les fabriquer. La presse en a parlé et les gens se les sont arrachés.

J'ai toujours travaillé avant tout pour les femmes, en pensant au plaisir qu'elles auraient à porter mes modèles.

On en a vendu des milliers ! Il y avait la queue devant notre boutique à Paris, dès 7 heures du matin, alors qu'elle n'ouvrait qu'à 10 heures. Ça a été une espèce de révolution.

Karl Lagerfeld, Thierry Mugler, Jean-Charles de Castelbajac : on a tous démarré à peu près à la même époque, à la fin des années 1960. Mais Sonia Rykiel et moi étions les rares femmes parmi les créateurs. Pour me distinguer, je me suis habillée en noir et blanc dans les années 1980. J'ai aussi coupé mes cheveux et décidé de porter une frange. Je dois cette idée à mon ami, le publicitaire Benoît Devarrieux, qui s'est occupé de ma communication durant trois ans.

J'ai choqué malgré moi

J'appartiens à une génération qui ne portait pas de soutien-gorge. Pour être une femme libre, à l'époque, il fallait l'avoir brûlé sur les barricades de Mai 68. À l'inverse, je trouvais qu'on pouvait être féministe et assumer sa féminité. Quand j'ai utilisé les vitrines des Galeries Lafayette, en 1999, pour créer un appartement avec cuisine, salon et salle à manger, dans lequel de vrais mannequins déambuleraient trois fois dans la journée, ça a créé un tollé. Les filles n'étaient pourtant pas en string, mais en déshabillé ; elles se maquillaient ou bouquinaient, comme si elles étaient chez elles. Ça n'avait rien d'indécent, et pourtant les Chiennes de garde *[N.D.É. : association créée en 1999 pour défendre les femmes contre les insultes sexistes]* ont crié au scandale, comparant les mannequins aux prostituées des vitrines d'Amsterdam, et appelant à manifester. Leur agressivité m'a beaucoup choquée. Tout ça a pris de telles proportions, c'est devenu tellement violent qu'un garde du corps m'a protégée le jour des défilés organisés à l'étage des Galeries. C'était insensé. Les foules se sont massées devant les vitrines et on a fait les gros titres de la presse mondiale, avec des heures de débats à la télévision et à la radio. Résultat : on a dû écourter au bout de trois jours, alors que l'événement devait durer deux semaines. C'était l'époque du "porno chic" dans la mode, je trouvais que j'étais soft. C'était peut-être coquin, mais pas provocant, et jamais vulgaire. J'ai choqué malgré moi.
On traverse une période étonnante, marquée par un regain de puritanisme. Notre société ose moins que dans les années 1970, où on s'habillait toutes en minirobe ras les fesses, avec des talons aiguilles ou des semelles compensées. Ça ne choquait personne, alors que maintenant c'est considéré comme de la provocation. De mon temps, neuf femmes sur dix bronzaient sans soutien-gorge ; aujourd'hui, rares sont celles qui font du topless.

J'ai adoré toucher à tout dans ma vie. J'ai fait du prêt-à-porter, de la lingerie, mais aussi de la décoration dans des hôtels. J'ai conçu des meubles, des miroirs et toutes sortes d'accessoires. La seule chose que j'ai refusé de faire, c'est des godemichés. Pour moi la lingerie, c'est la séduction, la sensualité, mais pas la sexualité. Ce que la femme fait de son corps, une fois déshabillée, ne me concerne plus… mais si c'est grâce à ma lingerie, tant mieux ! »

“ On traverse une période étonnante, marquée par un regain de puritanisme. Notre société ose moins que dans les années 1970.

Chantal Thomass

Katherine Pancol

Plus attachée aux rencontres et aux hasards qui ont marqué sa vie qu'aux chiffres de vente de ses ouvrages à travers le monde, Katherine Pancol prend la plume pour dénoncer les violences faites aux femmes, mais aussi les inégalités dont elles sont victimes. Un combat qu'elle mène sur le papier et sur le terrain.

Dans le petit monde de l'édition, Katherine Pancol est ce qu'on appelle un phénomène. Traduite en trente langues, sa trilogie, composée des livres *Les Yeux jaunes des crocodiles* (2006), *La Valse lente des tortues* (2008) et *Les écureuils de Central Park sont tristes le lundi* (2010), s'est vendue à plus de six millions d'exemplaires en France. Qu'il s'agisse de son dernier roman *Trois Baisers* ou des trois tomes des *Muchachas*, aucun de ses livres ne s'écoule à moins de 500 000 exemplaires.

Je n'avais jamais imaginé écrire un livre

« Mon truc, c'est les mots, pas les chiffres. Je sais que j'ai deux enfants, mais j'ignore combien de livres j'ai vendus et je ne peux pas non plus vous dire combien j'en ai écrit ! *[N.D.É. : Dix-huit]* Quand mon premier roman, *Moi d'abord*, est sorti en 1979, cela a été un choc. Je me suis retrouvée dans l'œil du cyclone et du public. D'un coup, votre vie ne vous appartient plus, j'ai détesté ça. Je suis partie vivre à New York, où je suis restée dix ans. Je n'avais jamais imaginé que *Moi d'abord* serait un best-seller. Je pensais en vendre 3 000. Je n'avais jamais imaginé écrire un livre. C'est l'éditeur Robert Laffont qui m'a téléphoné après avoir repéré un de mes articles dans le magazine *Cosmopolitan*. Deux autres hommes ont joué un rôle crucial pour moi. J'ai vécu dix ans avec Pierre Lescure, qui, extrêmement bienveillant, me répétait : "Il faut que tu écrives !" Et puis il y a aussi eu Romain Gary, qui m'a beaucoup aidée. Je l'ai connu deux ans avant sa mort. Il était très seul, moi aussi à l'époque. J'avais 24 ans, lui 64. On se tenait compagnie. Je lui faisais lire mes feuillets, et il s'exclamait : "C'est valable !"

Il faut que les femmes aient la même place que les hommes dans cette société où elles exercent tous les rôles.

Katherine Pancol

Il y a des femmes battues partout, dans tous les milieux

J'écris mes romans en enquêtant. Pour les *Muchachas* j'ai rencontré de nombreuses femmes battues après ce terrible après-midi dans le sud de la France : à la terrasse d'un café, je vois, sidérée, une femme enceinte se faire tabasser par son mari, devant ses deux petits garçons. Elle part aux toilettes se rincer le visage, je la suis, son compagnon me colle au mur et me menace : c'est très violent. À la suite de cette histoire, que je n'ai jamais oubliée, j'ai voulu savoir ce qui se passe dans la tête d'une femme qui accepte ça. J'ai cru qu'il serait difficile d'interroger des femmes battues. Eh bien pas du tout, c'est très facile, car il y en a partout, dans tous les milieux. J'ai même eu l'embarras du choix, et ça m'a terrifiée. Je collabore désormais avec l'association Women Safe qui accompagne les femmes victimes de violences. Nous avons pour projet d'organiser un atelier d'écriture pour faire dire à leurs enfants ce qu'ils ressentent à travers des dessins ou des histoires. Il va falloir que je me blinde, car s'il y a une chose que je ne supporte pas, c'est que l'on touche à un cheveu des enfants.

Dans le milieu littéraire, les gens m'ont classée comme idiote

J'ai subi de nombreuses remarques sexistes dans ma vie. J'ai très vite été plongée dans un monde d'hommes. Mon premier problème, c'était d'être blonde, et puis j'étais mignonne, ce qui n'arrange pas les choses. Dans le milieu littéraire, les gens m'ont classée comme idiote. Je me souviens de cette double page du magazine *VSD*, à l'occasion de la parution de mon deuxième roman, qui titrait : "Katherine Pancol : une ravissante idiote". Sans parler du harcèlement : "Si tu ne couches pas avec moi, tu n'auras pas de travail." Ce n'était pas dit aussi explicitement, mais on me le faisait comprendre très clairement. J'ai exercé des tas de boulots, journaliste, prof ou encore agent intérimaire, c'était pareil partout. Les choses se sont arrangées, mais ce n'est pas gagné pour les femmes. Les inégalités de salaire sont scandaleuses. Il faut que les femmes soient payées autant que les hommes et qu'elles aient la même place qu'eux dans cette société où elles exercent tous les rôles, de l'éducation des enfants à la santé. Comme le dit Élisabeth Badinter : "Il ne s'agit pas seulement d'être aussi bonnes que les hommes, il faut aussi avoir le droit de se tromper comme eux." »

Sabrina Krief

Vétérinaire diplômée de l'École nationale d'Alfort, Sabrina Krief est primatologue et spécialiste de zoopharmacognosie, l'automédication des animaux par des plantes médicinales. Elle travaille comme cheffe de projet à la préservation de chimpanzés sauvages en Ouganda, au sein d'une équipe composée de vingt-cinq hommes. Cette spécialiste transmet aussi son savoir-faire à des étudiantes françaises et forme des Africains, hommes et femmes. Elle a orchestré l'exposition *Sur la piste des grands singes* du Muséum national d'histoire naturelle où elle est professeure.

« J'avais 24 ans la première fois que je suis tombée nez à nez avec un singe. À la fin de mes études de vétérinaire, je suis partie pendant six mois dans la forêt congolaise pour suivre un petit groupe de chimpanzés dont les mères avaient été tuées par des braconniers.

Mon rôle consistait à déterminer si les bébés recueillis par une association allaient réussir à se réadapter à la vie sauvage. L'un d'eux a grimpé sur la barque où je me trouvais avec des soigneurs. C'était exceptionnel, cela n'arrive jamais. Ce premier contact, très fort, m'a bouleversée.

Les activités de l'homme grignotent chaque jour un peu plus l'habitat des grands singes

Je suis fascinée par le comportement des chimpanzés, car même si on partage avec eux 99 % de notre ADN, on les connaît mal. Je travaille dans un parc national en Ouganda, où vivent une centaine de chimpanzés sauvages. Il a fallu dix ans pour réussir à les approcher et à les reconnaître. Nous leur avons donné des noms pour pouvoir les identifier. Ils font partie de ma famille, désormais ! J'ai découvert qu'ils étaient capables d'utiliser les plantes de la forêt pour se soigner, et lutter notamment contre le paludisme ou les parasites digestifs. C'est d'autant plus intéressant que ces plantes médicinales peuvent aussi guérir les humains.
Les activités de l'homme grignotent chaque jour un peu plus l'habitat des grands singes. Pour produire de l'huile de palme, cultiver du thé, du café ou de la canne à sucre, on empiète sur la forêt tropicale qui constitue pourtant le poumon de la planète. Résultat : en à peine un demi-siècle, 70 % de toute la population de grands singes, chimpanzés, gorilles et orangs-outans a disparu. Il reste à peine 200 000 chimpanzés, répartis dans 21 pays d'Afrique. Ces chiffres me font froid dans le dos. Si l'on n'est pas capable de les protéger, qu'adviendra-t-il des grenouilles ou des papillons ?

Ce sont des femmes qui ont ouvert la voie, et ce n'est pas anodin

Trois femmes connues pour leur combat en faveur des grands singes ont guidé mon parcours : Jane Goodall, Dian Fossey et Biruté Galdikas. Ce sont des femmes qui ont ouvert la voie, et ce n'est pas anodin. Contrairement aux hommes qui se mettent des barrières, elles n'ont pas eu peur d'exprimer leur sensibilité et de s'intéresser à celle des singes, ce qui est essentiel pour un primatologue. Elles n'avaient pas toutes suivi de formation scientifique au départ. C'est peut-être la raison pour laquelle elles ont osé donner des prénoms aux singes, et leur reconnaître une individualité, ce qui reste tabou.
J'ai dû me battre, en tant que chercheuse. Après mon diplôme de vétérinaire, quand j'ai expliqué que j'allais étudier les chimpanzés, certains ont pris ça pour un caprice, car ces animaux sont peu nombreux et se reproduisent lentement. Dans le monde vétérinaire, comme dans la recherche, être une femme ne constitue pas forcément un problème. Au fond, la seule chose qui compte sur le terrain, ce sont les capacités physiques de chacun. J'essaie de me maintenir en forme au quotidien, car je travaille en montagne à 1 500 mètres d'altitude, sur des pentes très raides et dans des marécages. Les chimpanzés se déplacent très rapidement, et parcourent jusqu'à 12 kilomètres par jour. Il faut pouvoir les suivre pendant

des heures, et parfois ramper avec 15 kilos sur le dos, ce qui relève vraiment de la course d'endurance. Quand je suis sur le terrain, durant trois mois de l'année, je travaille sept jours sur sept. Il faut se lever tôt et partir avant le lever du soleil pour atteindre, vers 5 heures, le nid que construisent chaque soir les chimpanzés.

Travailler avec des personnes locales est fondamental

Le plus difficile, pour moi qui travaille avec vingt-cinq hommes ougandais, était de me faire une place en tant que cheffe de projet au sein de l'équipe que j'ai construite petit à petit. Travailler avec des personnes locales qui vivent dans les villages voisins, qu'on a souvent exclues de la forêt afin de protéger les chimpanzés et les éléphants, c'est fondamental. Il s'agit de leur apprendre que le parc représente pour eux un trésor. Au fil des ans, j'ai réussi à faire grandir mon équipe, à transmettre mon savoir-faire aux étudiantes françaises, mais aussi à former des Africains (hommes et femmes). Pour moi, c'est capital. Certaines villageoises se sont fait une place dans la société, et ont compris qu'elles ont un rôle à jouer concernant la préservation des grands singes ou la chimie des plantes. Aujourd'hui, les Ougandais font à leur tour de la sensibilisation, observent les chimpanzés, enlèvent les pièges posés par les braconniers, ouvrent des chemins. La relève est assurée. Nicolas Hulot m'a aidée à médiatiser mon combat. Sa fondation m'a soutenue dans la lutte contre le braconnage. Nathalie Baye, que j'ai rencontrée il y a quatre ans, s'investit aussi beaucoup à mes côtés pour la cause des grands singes, et m'a suivie sur le terrain. C'est vraiment important que ces personnalités puissent porter notre message, et nous aider à convaincre le grand public de l'urgence de préserver les chimpanzés. »

“

Au fil des ans, j'ai réussi à faire grandir mon équipe, à transmettre mon savoir-faire aux étudiantes françaises, mais aussi à former des Africains. Pour moi, c'est capital.

Sabrina Krief

Christine Bravo

Issue d'une famille espagnole de la classe moyenne, Christine Bravo naît en 1956 à Paris. D'abord institutrice, elle devient rapidement journaliste pour la presse écrite. C'est en 1988 qu'elle débute à la télévision comme chroniqueuse. Quatre ans plus tard, elle prend les rênes de « Frou-Frou », une émission uniquement animée par des femmes. À cette époque, en dehors des présentatrices du journal télévisé, elle est la seule, avec Mireille Dumas, aux commandes d'un magazine. Elle poursuit notamment avec « Union libre », qui rencontre un immense succès. Elle est aussi l'auteure de plusieurs ouvrages.

« L'idée de créer "Frou-Frou" m'est venue autour de la piscine, un été. J'étais enceinte de six mois, en vacances avec Valérie Expert qui reste toujours ma meilleure amie. Je lui ai dit que j'avais envie de faire une émission de télé, drôle, un peu rentre-dedans, qui reprendrait les codes des magazines féminins, animée uniquement par des femmes qui s'échangeraient leurs secrets. À la fin des vacances, l'émission était née, et le titre trouvé !

L'homme tenait toujours le premier rôle, et la femme celui de potiche

J'ai dû batailler pour obtenir le créneau de 19 heures à 20 heures, le samedi. J'y tenais, car je savais que toute la famille était réunie à la maison à cette heure-là, télé allumée, pour prendre l'apéritif, préparer le dîner, ou s'habiller avant de sortir chez des amis. À 18 heures, cela n'aurait pas marché, personne n'aurait été devant la télé si tôt. Hervé Bourges, le président de France Télévisions, m'avait promis ce créneau. J'ai découvert trois jours avant la conférence de presse de présentation des programmes qu'on avait relégué "Frou-Frou" à 18 heures. La chaîne a argué qu'il fallait un homme pour animer cette case-là, et qu'avec des femmes, on irait au carnage. J'ai répondu que dans ce cas, je ne ferais pas l'émission, et je suis rentrée chez moi, en déclarant à mon mari que j'arrêtais la télévision pour me consacrer à la littérature. On s'est offert un restaurant pour arroser cette nouvelle. De retour à la maison, j'ai trouvé sur mon répondeur un message me confirmant que j'avais bien le créneau de 19 heures, mais qu'ils avaient déjà prévu un programme de remplacement, persuadés que ça ne durerait pas plus de deux mois. Finalement, on a fait un carton ! À l'époque, il y avait déjà des femmes à la présentation du journal télévisé, mais pas aux commandes d'un magazine, à part Mireille Dumas et moi. J'avais été chroniqueuse avec Bernard Rapp dans « L'Assiette anglaise » et avec Christophe Dechavanne dans « Ciel, mon mardi ! », mais c'était toujours un homme qui tenait le premier rôle, et la femme jouait la potiche à ses côtés.

On ne se fixait aucune limite

Le slogan de "Frou-Frou", c'était "interdit aux hommes", écrit entre parenthèses au début de l'émission. Évidemment, l'idée était de les attirer, et ça a marché ! Tous les hommes qui me parlent de "Frou-Frou", encore aujourd'hui, me racontent qu'ils le regardaient le samedi aux côtés de leur femme, et que les enfants étaient priés de se taire pendant une heure.
C'était impertinent et déjanté, parce que je le suis, mais bienveillant aussi. J'ai un rire communicatif, et mes fous rires entraînaient toujours ceux des invités. On s'amusait beaucoup entre copines, avec les formidables Valérie Expert, Joëlle Goron et Laurence Cochet. On ne se fixait aucune limite. On pouvait rire de tout, parler de tout et tout critiquer. La preuve, c'est qu'on s'est attaquées à de grandes marques de luxe, ou de l'alimentaire. Protection solaire, yaourts : on testait les produits à l'aveugle, en direct, et on ne se gênait pas pour dire ce qu'on en pensait. Je me souviens de ce slip siglé qui valait une fortune, on avait signalé qu'on pouvait trouver le même au supermarché. Résultat : certaines marques ont retiré leur campagne de pub de l'antenne. J'avais Hervé Bourges en ligne qui me demandait de

présenter mes excuses aux annonceurs, mais je ne l'ai jamais fait. Quel patron de chaîne autoriserait ça aujourd'hui ? En revanche, quand on trouvait une crème efficace, on le disait à l'antenne, même si elle coûtait une fortune. Les téléspectatrices couraient l'acheter, et elle était en rupture de stock dès le lundi. Beaucoup de marques ont essayé de me corrompre, si j'avais accepté je serais riche ! Je renvoyais systématiquement tous les produits, car tout reposait sur ma crédibilité. Les téléspectatrices connaissaient mon histoire, savaient très bien qu'en tant que fille d'immigrés espagnols, j'étais droite comme un "I".

On a parfois été bouleversées par des invités qui se mettaient à nu

Certains invités m'ont énormément émue. À l'image de Claude Nougaro, que nous avons équipé d'un casque diffusant à fond *La Queuleuleu* d'André Bézu, et qui devait chanter *Cécile, a capella*. Il s'est concentré comme un dingue, et a chanté avec une justesse incroyable. C'était magique, il m'a fait pleurer. Quel génie, ce gars ! J'ignore comment il a fait, surtout que le tournage avait pris du retard, et qu'il avait descendu deux bouteilles en attendant. On a parfois aussi été bouleversées par des invités qui se mettaient à nu, alors qu'on ne s'y attendait pas. Je me souviens de Thierry Lhermitte. Il était tellement beau, avec ses yeux bleus et son sourire magnifique que je lui ai demandé de nous citer l'un de ses défauts, histoire de nous donner une bonne raison de ne pas le vouloir dans notre vie. Lui qui incarnait l'élégance nous a répondu : "Je vais vous faire une confidence, je pète au lit." On en a pleuré de rire, et ça l'a poursuivi tout le reste de sa carrière.
Je savais manipuler les invités pour obtenir tout ce que je voulais. Avec les hommes, ce n'est pas difficile, il suffit de leur dire qu'ils ont une intelligence folle, et ensuite ils font tout ce que vous voulez ! On imaginait des défis qui sortaient de l'ordinaire, non pas pour mettre les invités en difficulté, mais pour voir leur réaction. On se moquait d'eux sans aucune méchanceté, et ça les amusait beaucoup. On a par exemple demandé à Pierre Palmade d'habiller une poupée Barbie. Il n'a même pas réussi à lui mettre la culotte, c'était désopilant. On a suspendu Christian Clavier au plafond avec de la Super Glue pour vérifier que la publicité dans laquelle ils faisaient la même expérience n'était pas truquée. On a aussi fait jouer Pierre Arditi dans un pastiche de "Tournez manège" pour déterminer s'il était un bon candidat au mariage. J'ai aussi le souvenir d'une émission terrible avec Richard Gere qui venait de jouer dans *Pretty Woman*, film que j'avais adoré. Je le prenais pour un prince charmant, autant dire que j'ai rapidement déchanté : comme il avait peur d'attraper des microbes, il a commencé par virer tout le public, puis il a quitté le plateau au bout de vingt minutes, car il n'a pas supporté qu'on lui fasse sentir des fromages. Quand on a sorti le maroilles, j'ai cru qu'il allait en mourir. Il s'est réfugié dans sa loge et a appelé un moine tibétain pour restaurer ses énergies. On a continué l'émission sans lui et on a ajouté son visage au montage, en utilisant les malheureux plans qu'on avait enregistrés.

“ Je savais manipuler les invités pour obtenir tout ce que je voulais. Avec les hommes, ce n'est pas difficile, il suffit de leur dire qu'ils ont une intelligence folle, et ensuite ils font tout ce que vous voulez !

Comme pour l'enseignement – j'ai été institutrice pendant trois ans –, j'ai arrêté "Frou-Frou" sur un coup de tête, en 1994. Au bout de deux ans, j'en ai eu marre, je ne voulais pas tomber dans la routine. J'ai ensuite lancé et animé "Union libre", pendant quatre ans. De toutes mes émissions, c'est celle que je préfère. Personne ne croyait à l'Europe, et encore moins à cette idée folle de réunir un Italien, un Finlandais, un Anglais, un Allemand ou encore un Grec comme Nikos Aliagas. Puis, j'ai tourné "Douce France", en regroupant des provinciaux : un Corse, un Normand, un Breton, et un Ch'ti, bien avant *Bienvenue chez les Ch'tis*, le film de Dany Boon. Là encore, les dirigeants de la chaîne pensaient, à tort, qu'une émission avec des accents ne marcherait jamais.

Je suis une post-soixante-huitarde, alors évidemment, à la fac, j'ai tout fait : braillé en retirant mon soutien-gorge, et bataillé pour le droit à l'avortement et à la contraception. Je n'étais pas dans un féminisme agressif pour autant. Personnellement, j'aime la galanterie et la courtoisie . quand un homme me tire une chaise, je trouve ça formidable, même si je suis tout à fait capable de le faire moi-même, et je ne supporte pas qu'un homme entre dans l'ascenseur avant moi. Je me suis toujours battue pour que les femmes gagnent autant d'argent, à travail égal, mais les abus de pouvoir existent dans les deux sens. Ce n'est pas une question de sexe : les hommes comme les femmes ne sont pas tendres quand ils ont des responsabilités. »

Christine Bravo

Édith Cresson

En 1991, âgée de 57 ans, Édith Cresson est nommée Premier ministre par le président de la République François Mitterrand. Elle devient ainsi la première femme, et à ce jour, la seule, à avoir accédé à la fonction de chef de gouvernement en France. Maire, députée au Parlement européen, conseillère générale, elle a également été cinq fois ministre avant d'occuper la fonction de Premier ministre. En 2001, elle crée et préside depuis lors la Fondation Édith Cresson pour les Écoles de la 2e chance, permettant à des jeunes de s'ouvrir au monde *via* des projets périscolaires.

Matignon, le monde politique, les coups bas, le machisme, les insultes... Édith Cresson a tourné la page depuis longtemps et se consacre désormais pleinement à sa fondation qui vient en aide aux jeunes défavorisés. Mais elle n'a rien oublié, ni pardonné.

« Je n'ai pas été nommée Premier ministre par accident ! Élue maire, députée, conseillère générale, j'ai été cinq fois ministre avant d'être Premier ministre, et j'ai aussi siégé au Parlement européen. Je ne vois pas pourquoi on s'étonne toujours qu'une femme ait accédé à cette fonction. Il n'y a qu'en France qu'on se pose la question. C'est une mentalité très particulière.
À l'époque, j'avais démissionné du gouvernement – j'étais alors ministre des Affaires européennes –, le contexte était très difficile. François Mitterrand était déjà très malade, et Roland Dumas *[N.D.É. : ministre des Affaires étrangères]* ne me facilitait pas la tâche... J'ai donc quitté le gouvernement pour créer une entreprise qui aide les sociétés françaises à s'implanter dans les pays de l'Est. Ça marchait bien, je m'y plaisais énormément. Alors, quand François Mitterrand m'a demandé d'être Premier ministre, j'ai commencé par refuser, plusieurs fois, même, mais il a tellement insisté que j'ai fini par accepter. Évidemment, ça a été très mal considéré : "Comment une femme peut-elle être Premier ministre ?" Curieux comme commentaire, non ? On ne voit ça qu'en France. Pourquoi a-t-il pensé à moi ? Il m'a dit très clairement vouloir qu'une femme soit Premier ministre avant la fin de son mandat. Je lui ai répondu qu'il fallait peut-être y penser avant... J'ai donc fini par accepter, me disant qu'il fallait essayer, mais je ne pensais pas que je me heurterais à tant de difficultés de la part des responsables politiques – à commencer par mon propre camp – et de la presse. Je n'ai pas composé le gouvernement. Je n'ai pu nommer que deux personnes : Dominique Strauss-Kahn et Martine Aubry. Le président avait, sur son bureau, une petite liste de noms suggérés par Laurent Fabius *[N.D.É. : président de l'Assemblée nationale]*. Si j'avais pu moi-même former le gouvernement, j'aurais mis davantage de femmes, mais j'aurais surtout nommé des hommes et des femmes que j'aurais choisis. Ça n'a pas été le cas...

Comme j'ai affaire à des porcs, je vais pouvoir m'occuper de vous

Déjà, lorsque j'étais ministre de l'Agriculture *[N.D.É. : 1981-1983]*, j'avais dû faire face à beaucoup d'hostilité. Députée européenne, je connaissais bien le secteur et je maîtrisais donc les dossiers en arrivant au ministère. Dès ma nomination, le président de la FNSEA, principal syndicat agricole, a lancé : "On voit le mépris dans lequel le président de la République tient l'agriculture, puisqu'il a nommé une femme à ce poste." Je me souviens également, lors du congrès de la FNSEA, d'une immense banderole, déployée sur toute la longueur de la salle, sur laquelle on pouvait lire : "Édith, on t'espère meilleure au lit qu'au ministère." Ce à quoi j'avais répondu : "Ça tombe bien, en tant que ministre de l'Agriculture, comme j'ai affaire à des porcs, je vais pouvoir m'occuper de vous." Je ne pouvais pas me déplacer sans être agressée, j'étais toujours entourée de policiers. Un jour, il a même fallu m'exfiltrer en hélicoptère. Ce fut vraiment un enfer. Alors, quand François Mitterrand m'a appelée pour me dire qu'il me confiait le Commerce extérieur *[N.D.É.: 1983-1984]*, ce fut le plus beau jour de ma vie ! J'y ai d'ailleurs côtoyé des gens tout à fait normaux, des chefs d'entreprise, avec qui je n'ai jamais eu aucun problème. J'ai donc continué à agir, mais sans trop le montrer. Ainsi, j'ai importé en France l'intelligence économique, et j'ai également voulu relancer l'apprentissage. Vous savez ce qu'on disait de moi ? "Elle ne s'occupe que des détails." Je ne pouvais agir qu'en contournant les choses. Quand j'ai créé les Écoles de la 2e chance, qui marchent toujours très bien aujourd'hui, j'étais alors à la Commission à Bruxelles. Je n'y serais jamais parvenue en France !

Le "Bébête Show", une ignominie absolument totale

Durant toute ma carrière, le sexisme et le machisme ont été omniprésents. Suite à un accident de voiture, j'avais une cicatrice au genou. Lorsque je sortais de voiture, les journalistes s'agenouillaient sur le trottoir pour me photographier, filmer mes jambes et dire ensuite : "Elle a des collants filés." J'eus aussi droit à des séries de "pourquoi". Pourquoi porte-t-elle ce bracelet, ces boucles d'oreilles ? C'est hallucinant, on ne s'occupe que des aspects extérieurs. Une femme, c'est un objet. Donc son apparence physique, ses tenues, sa coiffure, voilà ce qui compte. Le reste, ce qu'elle fait, la volonté qu'elle a, ses idées, c'est secondaire. Ces critiques, ces réflexions, ces attentions portées à des choses superficielles, sont largement véhiculées par la presse qui est totalement complice de la classe politique puisqu'ils sont amis entre eux. Pour ma part, je n'ai jamais cultivé ce genre d'amitiés. Mais comme m'avait dit François Mitterrand : "Ils ne vous lâcheront jamais."
Quand on monte à la tribune de l'Assemblée, en tant que femme, les députés vous insultent, crient "À poil !", surtout après le déjeuner quand ils ont bu un coup. J'avais souhaité que leurs noms soient inscrits au compte rendu de la séance de l'Assemblée, et qu'ils aient une amende. Je n'ai pas réussi à l'imposer. J'ai aussi été la cible du "Bébête Show". C'était une ignominie absolument totale. Au début, je n'y ai pas prêté attention, mais mes collaborateurs m'ont vivement conseillé de regarder. C'était effrayant ! Surtout que les gens ne me connaissaient pas personnellement, mais ils étaient prêts à gober tout ce qu'ils voyaient. J'étais représentée sous les traits d'une panthère lubrique qui se roulait aux pieds de Mitterrand, qui me repoussait. Heureusement que mon mari était formidable. Il était très solide, il m'a toujours soutenue, me disant : "Ce sont des salauds, n'y prête pas attention." C'est vrai, ce sont des salauds. Aujourd'hui, je pense que je suis plus utile en dehors de la politique. La Fondation pour les Écoles de la 2e chance, que je préside, permet à des jeunes de s'ouvrir sur le monde *via* des projets périscolaires. Je peux agir, être utile, sans subir d'attaques de concurrents politiques ou de la presse. »

> “Une femme, c'est un objet. Donc son apparence physique, ses tenues, sa coiffure, voilà ce qui compte. Le reste, ce qu'elle fait, la volonté qu'elle a, ses idées, c'est secondaire. Ces critiques, ces réflexions, ces attentions portées à des choses superficielles, sont largement véhiculées par la presse.

Édith Cresson

Carla Bruni

Née à Turin en 1967 mais installée en France à l'âge de 8 ans, Carla Bruni est devenue célèbre grâce à sa carrière de top model, de 1987 à 1997. Elle se consacre à la musique comme auteure, compositrice et interprète dès 2000. Son album, *Quelqu'un m'a dit*, sorti en 2002, se vend à deux millions d'exemplaires. Elle remporte, deux ans plus tard, la Victoire de la musique de l'Artiste féminine de l'année. Côté vie privée, en 2008, elle se marie avec le président de la République Nicolas Sarkozy et devient alors Première dame de France. Dans le domaine caritatif, elle est très engagée dans la lutte contre le sida.

Mannequin, auteure, compositrice et interprète, Carla Bruni s'amuse. Sa liberté de ton et son autodérision peuvent déconcerter. Avec humour, franchise et esprit, l'ancienne Première dame évoque sa carrière, la place des femmes dans la société, sa relation avec ses enfants et porte un regard confiant sur l'avenir.

Nous sommes devenues célèbres par hasard

« J'ai toujours voulu travailler. Il faut dire que les études n'ont jamais été mon truc, et ce depuis le CP. Ce sont elles qui m'ont abandonnée, et non l'inverse ! J'ai toujours considéré que les femmes devaient travailler, encore plus que les hommes. Je passe mon temps à le répéter à ma fille, c'est primordial ! Je suis devenue mannequin très simplement. La fiancée de mon frère l'était, elle m'a dit d'essayer. Je correspondais à l'époque à un standard précis, qui convenait pour les photos des magazines, les défilés. J'ai donc eu la chance de commencer à travailler tout de suite, et de voyager. Ce furent des années riches en apprentissage. J'ai toujours eu un désir assez profond de notoriété, pas tellement par goût du pouvoir, mais plutôt par besoin de reconnaissance. Ce goût pour la notoriété n'est pas équivoque chez moi. À l'époque, notre groupe de mannequins – Naomi Campbell, Claudia Schiffer, Cindy Crawford, etc. – est arrivé au moment même où nous commencions à être considérées comme des individus, et non plus seulement comme des modèles portant des vêtements. Nous sommes devenues célèbres par hasard, par cette attention particulière portée par les médias à notre petit groupe de femmes. Aujourd'hui, le curseur s'est déplacé sur les jeunes, très actifs sur les réseaux sociaux.

Les jeunes d'aujourd'hui sont bien plus à l'écoute

Durant cette période, je n'ai jamais souffert de harcèlement, et je n'en ai pas été témoin non plus. Je viens aussi d'une autre génération. Par exemple, je suis ravie qu'on m'ouvre la porte ou qu'un homme galant paye l'addition ! Ça ne m'agresse pas. Bien évidemment, je fais une grande différence entre galanterie et harcèlement. Le fait qu'aujourd'hui, bien plus qu'hier, les femmes puissent porter plainte, être écoutées, crues, considérées, est un progrès majeur. La chape de silence et leur sentiment de culpabilité, ô combien révoltant, ne sont pas acceptables. Ces hommes qui aiment abuser des femmes

Le fait qu'aujourd'hui, bien plus qu'hier, les femmes puissent porter plainte, être écoutées, crues, considérées, est un progrès majeur.

sont étranges, non ? Je ne connais pas d'hommes de ce genre. Alors, je ne dirais pas : "Balance ton porc", – je n'aime pas "balancer", et je n'aime pas parler en ces termes-là –, mais bien sûr, je suis contente que la parole des femmes se libère. Ma fille n'a que 7 ans, mais je lui explique déjà qu'elle doit savoir dire "non", et que les garçons doivent respecter ce "non". Je tiens le même discours à mon fils. Il l'a très bien compris : les jeunes d'aujourd'hui, de ce point de vue, sont bien plus à l'écoute. Ils sont le contraire du machisme. Ceux que je rencontre sont respectueux. Je ne dis pas que tous les combats sont gagnés, sur l'égalité, les droits, les salaires notamment, mais je pense que leur génération y parviendra. Ils sont généreux, altruistes, un peu "chochotte", parfois, mais je suis confiante !
Je me considère comme assez féministe, même si beaucoup de combats ont été menés par les générations précédentes. De toute façon, si je n'étais pas féministe, je ne pourrais pas vous le dire car depuis qu'on a donné le pouvoir à de jeunes prépubères qui passent leurs journées sur leur téléphone, on se prend des volées de bois vert dès que l'on dit ce que l'on pense (*Rires*).
Je dirais que le grand enjeu du féminisme, c'est de défendre les droits des femmes dans les pays où ils sont menacés, rares, ou pas appliqués.

Nombre de femmes m'ont inspirée

Le fait d'être auteure, compositrice, et chanteuse était, pour moi, comme un rêve ancien, un désir profond que j'ai conservé dans un coin de ma tête durant toute ma carrière de mannequin.
La musique a toujours été un refuge. Je ne m'intéresse jamais à ce qu'on dit de moi, il faut avancer sans regarder ce qui est dit ou écrit. Au début, les gens étaient un peu moqueurs à l'idée qu'une ancienne mannequin se lance dans la chanson, puis ils ont compris que ce n'était pas une mascarade. Sans doute leur regard a-t-il changé à mon égard à la suite de mon mariage, mais je suis restée la même. Ceux qui me connaissent le savent bien.

J'aime beaucoup la compagnie des femmes. Nombre d'entre elles m'ont inspirée : George Sand, la chanteuse italienne Ornella Vanoni mais aussi Jane Birkin, Françoise Hardy ou Marianne Faithfull, que j'admire et qui est devenue une amie. Même si nous sommes entre femmes, à l'occasion de l'anniversaire de *Femme Actuelle*, je dois avouer que je mets toujours les hommes et les femmes au même niveau, je ne cherche pas à les distinguer... je trouve ça sexiste ! »

“ Je dirais que le grand enjeu du féminisme, c'est de défendre les droits des femmes dans les pays où ils sont menacés, rares, ou pas appliqués.

Carla Bruni

Muriel Robin

En 1980, à l'âge de 25 ans, Muriel Robin sort première du Conservatoire national supérieur d'art dramatique de Paris. De formation classique, elle s'oriente rapidement vers l'humour. C'est dans l'émission « La Classe », en 1987, que le public la découvre. Sa rencontre avec Pierre Palmade, l'année suivante, marque un tournant dans sa carrière d'humoriste. Ils créent ensemble son premier one-woman-show. Les spectacles s'enchaînent dès les années 1990. Comédienne, elle incarne, en 2018, le rôle de Jacqueline Sauvage, et s'engage dès lors activement contre les féminicides.

« J'ai toujours fait rire. À 13 ans, je racontais déjà beaucoup de blagues, le soir, à mes sœurs qui ont six et neuf ans de plus que moi. Pourtant, la première fois que je suis montée sur scène devant un public, cela m'a fait l'effet d'un tour de magie.

Quand j'ai débuté, la scène était réservée aux hommes

Beaucoup de femmes font rire aujourd'hui, elles s'en donnent le droit, mais quand j'ai débuté, la scène était réservée aux hommes. Nous étions peu nombreuses. Il y avait Jacqueline Maillan, Maria Pacôme, Sophie Desmarets et Sylvie Joly.
On est drôle ou on ne l'est pas. Je le suis et ce n'est pas prétentieux de le dire : j'ai un petit nez, des yeux marron, et je suis drôle. Aussi drôle qu'un garçon. Roselyne Bachelot a dit – j'aime citer mes sources, contrairement à certains comiques – : "Faire rire, c'est une prise de pouvoir." C'est vrai. Quand on monte sur scène et qu'on est une femme, cela nous donne un côté asexué. Jusqu'à maintenant, une femme qui prenait le pouvoir y perdait sa féminité, mais les filles d'aujourd'hui ont cassé tout ça. Celles qui remplissent les Zénith à cinq mille personnes ont cependant en elles quelque chose de très viril, comme Florence Foresti et moi. Le sketch qui a servi de tremplin à ma carrière s'intitule "le mariage", mais les gens l'appellent "le Noir", ce qui est amusant puisqu'il met en scène une femme blanche raciste.
La femme qui m'a servi de modèle et qui a ouvert la voie, c'est Annie Girardot. Lorsque je la vois pour la première fois au cinéma, elle ne répond pas aux codes des actrices blondes de l'époque. Avec ses cheveux courts et son franc-parler, elle incarne pour moi le comble de la modernité. Elle a changé ma vie. Je me suis dit : "Si elle existe, je vais pouvoir exister moi aussi". À 14 ans, je fumais déjà, comme elle, j'avais les cheveux courts, et je refusais de me maquiller. Annie Girardot, mais aussi Romy Schneider et Simone Signoret ont ouvert la route, comme un chasse-neige. Je me suis juste mise derrière elles. J'ignore si j'ai débroussaillé le chemin, mais j'espère que j'ai pu aider certaines filles.

Face aux violences faites aux femmes, mon côté Zorro est revenu

J'ai un Zorro à l'intérieur de moi. Enfin, plutôt une *Zorra*, je ne sais pas comment il faut le dire quand on est une fille. Si une personne trébuche, je serai la première à la ramasser, c'est comme ça, tendre la main m'est naturel. Je n'ai pas aidé que les femmes dans ma vie. Il y a d'abord eu les Enfoirés, que je suis allée voir en leur demandant si je pouvais me rendre utile, puis j'ai soutenu l'hôpital construit à Kaboul grâce à La Chaîne de l'espoir. Lorsque j'ai tourné le téléfilm sur Jacqueline Sauvage, j'ai approché la violence conjugale de très près. Olivier Marchal, mon partenaire, était obligé de me bousculer, de me tirer par les cheveux sur la moquette, et mes genoux me brûlaient vraiment. Neuf millions de personnes ont regardé ce film, cela veut bien dire que le sujet les intéresse. S'engager pour les autres exige du temps et de l'énergie. Après mon burn-out, je m'étais dit : "j'arrête", mais face aux violences faites aux femmes, mon côté Zorro est revenu. Il y a tant à faire, et il manque tellement de budget que c'en est indécent.
Longtemps, les femmes battues n'ont été pour moi qu'un chiffre dans le journal, et je m'en veux pour cela. On est tous passés à côté du problème, même dans la façon de le présenter. "Morte sous les coups de son conjoint", dit-on, comme si la femme avait glissé lors d'une dispute, ou qu'elle s'était cognée sur un radiateur. Dans 98 % des cas, il ne s'agit pas d'un accident.

Muriel Robin

Il faut employer le mot juste : "assassinat". Puisqu'une femme sur dix est touchée par les violences conjugales, on en connaît tous forcément une. L'an dernier, c'était un cadavre tous les trois jours, maintenant, c'est tous les deux jours. Une femme est violée toutes les vingt minutes en France. C'est affreux, il vaut mieux en rire pour ne pas en pleurer. Il est bien dommage que ce que les garçons ont entre les jambes se transforme en matraque. Quand va-t-on réellement agir ? Combien coûte la vie d'une femme ? J'exige une réponse concrète. Moi je suis là, je ne lâcherai pas. Je veux voir le changement de mon vivant. J'ai 64 ans, je tiendrai dix ans, vingt peut-être. À 94 ans, quelqu'un me poussera dans mon fauteuil, mais je continuerai d'aller aux manifestations. Cela me fera une sortie.

Féministe n'est pas un gros mot. Je n'ai jamais vraiment fait face à des préjugés sexistes. Ni même à des remarques homophobes. Comme je le dis avec Florence [*N.D.É. : Foresti*] : "MeToo c'est surtout *not me.*" J'ai pu dire que le mot "homosexualité" me gênait, mais c'était à une époque où j'étais en quête de ma propre sexualité. J'aimais les garçons, les filles, puis les garçons et de nouveau les filles. Comme je ne me sentais pas vraiment homosexuelle, je refusais d'être estampillée comme telle. Je vis une histoire d'amour avec Anne [*N.D.É. : Le Nen*] depuis treize ans, il nous arrive de ne pas nous donner la main, pour ne pas gêner les autres. Mais aujourd'hui, on peut dire de moi ce que l'on veut, je m'en fous ! »

Irène Frachon

Elle se dit « grande gueule », « péremptoire » et « catégorique ». Irène Frachon s'est servie de ce qu'elle considérait comme des défauts pour mettre au jour l'un des plus gros scandales sanitaires de France : l'affaire du Mediator. Ce médecin pneumologue au CHU de Brest dénonce alors la mort de plusieurs centaines de malades, causée par ce médicament vendu par les laboratoires Servier de 1976 à 2009. Cette femme pugnace, admiratrice du prix Nobel Albert Schweitzer et de Martin Luther King, reçoit le prix Éthique catégorie « Lanceur d'alerte citoyen » en 2011.

Son nom est désormais synonyme de lanceuse d'alerte. Si elle réfute le terme d'héroïne, c'est pourtant bien ainsi qu'elle est perçue par les centaines de victimes du Mediator qu'elle accompagne et soutient depuis des années. Entière et téméraire, cette mère de quatre enfants est partie prenante au procès contre le laboratoire Servier qui s'est ouvert fin septembre.

L'exemple de Schweitzer m'a fascinée

« J'ai reçu une éducation religieuse protestante. Je me souviens qu'à l'école biblique, on nous parlait des héros ayant marqué le protestantisme contemporain. Parmi eux, deux figures importantes m'avaient impressionnée : le docteur Albert Schweitzer, qui a été prix Nobel de la paix, médecin en Afrique et pionnier en quelque sorte de la médecine humanitaire, et Martin Luther King. L'exemple de Schweitzer m'a fascinée au point que j'ai voulu faire le même métier. J'ai donc fait des études de médecine et suis partie en Asie faire de l'humanitaire.

Soit je suis folle, soit c'est très grave

Devenue pneumologue, je me suis spécialisée dans les greffes d'organes et l'hypertension pulmonaire. Dès les années 1990, j'ai été confrontée à plusieurs cas de maladies pulmonaires gravissimes. Des jeunes femmes en mouraient, avec, comme point commun, d'avoir toutes pris un coupe-faim, l'Isoméride, du laboratoire Servier, qui a été interdit et retiré du marché en 1997. Cette affaire m'est revenue en mémoire, lorsqu'en 2007, j'ai suivi une patiente obèse, atteinte d'hypertension pulmonaire, qui prenait du Mediator. Je décide alors de mener ma propre enquête et je comprends, en 2009, que le Mediator est une molécule dérivée de l'Isoméride. Surtout, je rassemble de plus en plus de cas de valvulopathie pulmonaire sur des patientes prenant du Mediator, médicament commercialisé depuis 1976. Je commence à prendre la mesure du scandale.
400 000 personnes par jour achètent du Mediator, soit combien de malades potentiels à l'échelle du pays depuis plus de quarante ans ? C'est affolant. J'y consacre tout mon temps, en plus de mon travail, ça devient une marotte. À l'époque déjà, mes collègues me disaient que je ne parlais que de ça. En 2009, quand je fais émerger tous ces dossiers, je me dis que soit je suis folle, soit c'est très grave. Et face à cette situation, personne n'agit, c'est un truc de fou.
Fin 2009, le médicament est retiré du marché, mais c'est tout. Les patients ne sont pas prévenus, la presse spécialisée y consacre trois lignes évoquant un signal de toxicité, et *basta*. Je me dis alors que ça ne va pas du tout, qu'on ne peut pas en rester là. Certes, les gens ne sont plus exposés, mais j'ai toujours face à moi de nombreuses victimes très sévèrement touchées, qui sont en invalidité, qui ont tout perdu, qui vivent de maigres allocations mais qui ont compris qu'elles avaient été empoisonnées et qu'elles étaient donc en droit de demander une indemnisation. Du côté des autorités de santé, le sujet était clos.

J'ai eu peur pour moi et pour mes proches

C'est à ce moment que ma démarche devient un peu plus inhabituelle : je ne peux tolérer que les victimes restent sans prise en charge et que Servier ne soit pas mis en cause pour ce qui, de mon point de vue, relève du pénal. Au départ, je suis seule dans ce combat. Ça me trotte dans la tête, mais je veux parvenir à le dénoncer. Je décide donc de le raconter, en écrivant un livre, tel un roman, en énonçant des faits précis recueillis durant mes trois ans d'enquête. Mais plus mon ouvrage prend forme, plus je sens monter la panique et notamment la longue liste d'ennemis que je me prépare, à commencer par Servier. Ceci étant, je dispose de tellement de preuves qu'il n'est pas question de reculer. À un moment donné, toutefois, j'ai voulu tout arrêter car j'ai eu peur pour moi et pour mes proches. J'en ai discuté avec mon mari, me doutant que le livre pourrait nous attirer des ennuis, voire un procès. Mon mari m'a soutenue, me disant : "Irène, tu n'as pas le choix, on verra bien !" J'ai eu beaucoup de chance parce que dans l'immense majorité des cas, je me suis aperçue que les gens qui se lancent dans ce genre de démarches sont généralement découragés par leurs proches. Et d'ailleurs, en discutant avec de nombreux lanceurs d'alerte, j'ai réalisé que ce soutien n'était pas acquis. Cette affaire a quand même beaucoup envahi ma famille. Quant à mes collègues et mes supérieurs, ils m'ont assurée de leur soutien, me disant que j'avais une véritable bombe entre les mains. Je me souviens notamment de la remarque d'un patron de médecine : "Ils ne se rendent pas compte, ils sont vraiment tombés sur un os !"

“

On m'a qualifiée d'héroïne. Mais j'ai simplement fait ce que j'avais à faire.

Je dors, je vis, je respire avec le Mediator

Quand le livre est sorti en 2010, faisant éclater le scandale, on m'a qualifiée d'héroïne. Mais j'ai simplement fait ce que j'avais à faire. J'ai pensé à ce moment-là à mes deux grands-pères, véritables héros durant la guerre, et j'ai réalisé que j'avais alors le même âge qu'eux au moment de leurs actes héroïques. Ils ont eu peur mais ont agi. Y repenser m'a aidée à prendre ma décision. Je suis d'éducation protestante dont la Réforme est due à Martin Luther *[N.D.É. : théologien allemand]*, qui a dénoncé, au XVIe siècle, des conflits d'intérêts majeurs. Le fait de tenir à ses idées, d'y croire jusqu'au bout, sans faillir, est effectivement aussi un héritage de mon éducation. Quand j'ai découvert l'expression "lanceur d'alerte", dont j'ignorais le sens, j'ai regardé la définition sur Internet.
Le nom de Luther y figure comme le premier d'entre eux ! J'aime cette citation de l'écrivain Romain Rolland : "Un héros, c'est celui qui fait ce qu'il peut. Les autres ne le font pas." Ce qui m'a vraiment donné la force, c'est la détresse des victimes. Et à l'époque, j'étais la seule à pouvoir les sortir de ce bourbier. Beaucoup vivent des situations financières dramatiques et je dispose de tous les éléments pour leur permettre d'obtenir une indemnisation. Mais je ne pensais pas que ce serait si compliqué. Malgré l'éclatement du scandale, ce fut un combat abominable. À ce jour, nous avons obtenu environ 140 millions d'euros pour 3 700 victimes, pas assez à mes yeux. Je dors, je vis, je respire avec le Mediator, je ne pense qu'à ça et aux victimes. Je pensais qu'une fois l'alerte lancée, ce serait fini. En 2011, il y a eu le rapport de l'Igas (Inspection générale des affaires sociales), la justice qui s'en est mêlée, une procédure d'indemnisation, le changement de la réglementation du médicament, la loi Bertrand... Mais en fait, ce fut la catastrophe et plein d'obstacles que je n'avais pas anticipés se sont mis en travers de ma route. Je pense notamment à une résistance de la communauté médicale qui allait plutôt épauler Servier que les victimes. De 2012 à 2018, ce fut un très long combat pour remettre à plat les expertises, revoir la formation des experts... J'ai d'ailleurs été très soutenue par les différents ministres de la Santé, jusqu'à aujourd'hui. Je pensais vraiment être débarrassée du Mediator. Mon mari ricanait, me disant : "Tu en as pris pour dix ans", il avait raison !

J'attends une condamnation exemplaire

Aujourd'hui, je vais mieux parce que l'affaire va mieux. On va aussi gagner sur le plan de la justice, et pas seulement de l'indemnisation. Le procès va durer six mois, j'y serai, en totalité si besoin. Je me suis organisée en conséquence, comme pour un congé de maternité ! J'attends une condamnation exemplaire du laboratoire Servier et de ses responsables, mais aussi que ce procès soit celui des conflits d'intérêts dans le milieu médical. Cette histoire est effectivement celle de ma vie, elle m'accompagnera jusqu'à mon dernier souffle. J'ai toujours été grande gueule, un peu catégorique, péremptoire, ce qui est plutôt un défaut d'ailleurs ! Je me dis que j'ai de la chance car cette histoire a permis, sur un plan très personnel, que mes traits de caractère négatifs deviennent des qualités. Si mes défauts ont pu servir, alors tant mieux. »

Irène Frachon

Laurence Equilbey

Après avoir joué du piano, de la flûte traversière, de la guitare folk, et fait du chant, Laurence Equilbey se rend compte qu'elle préfère diriger, analyser les œuvres. Elle sera donc cheffe d'orchestre… Une profession qui ne compte que 4,3 % de femmes sur 700 maestros. En 1991, elle crée l'ensemble choral Accentus, et en 2012 Insula Orchestra, un orchestre composé uniquement d'instruments anciens. À 57 ans, elle collectionne les récompenses, notamment aux Victoires de la musique classique, et compte parmi les chefs d'orchestre les plus demandés au monde.

Faire entendre sa petite musique, et pas seulement au podium. Laurence Equilbey se mobilise pour que les femmes, dans le milieu culturel, soient davantage représentées et programmées afin de parvenir à une véritable mixité.

Je pense avoir la réputation d'être quelqu'un d'exigeant

« La musique fut d'abord un incroyable jardin secret. Élève en pensionnat, dans un dortoir de soixante-dix filles, j'y trouvais un moyen de m'exprimer, de m'évader. Enfant, j'avais commencé par le piano, la flûte traversière, puis le chant. J'étais assez douée : du coup, ça me procurait une sorte d'aura dans ce petit cénacle de copines. Je m'y sentais comme dans un royaume ! Après mon bac, j'ai hésité entre le chant et la direction, qui m'intéressait beaucoup, mais je ne voulais pas passer l'agrégation pour devenir professeur. J'ai donc d'abord suivi des études de musicologie à la Sorbonne, puis, au conservatoire, j'ai appris l'analyse musicale et l'écriture. C'est ce qu'on appelle l'harmonie et le contrepoint, des matières un peu techniques et académiques. Puis je suis partie en Autriche et en Suède pour me spécialiser en direction. Je fais partie d'une génération d'artistes très sensibles au message du compositeur, qui nécessite de comprendre le contexte spirituel et poétique dans lequel, à l'époque, il a écrit son œuvre. Il faut très bien connaître le travail du compositeur pour comprendre ce qu'il a voulu dire par *adagio* ou *moderato*. Pour cela, nous nous aidons de traités d'exécution, des manuels qui expliquent la démarche du compositeur, son intention. Ensuite, mon rôle est de respecter ce travail puis de le porter avec inspiration, d'y apporter ma propre liberté, mes envies en termes de balance, de poids, de sculpture ou de tempo.
Ce que je préfère, c'est le concert, l'instant de la délivrance en quelque sorte, qui intervient après des mois, voire des années de travail. Ce moment où le public est dans l'écoute attentive de ce que vous allez donner. Un contact puissant se crée alors entre l'interprète et le public. On donne le meilleur de soi pour que l'œuvre traverse le petit espace qui nous sépare et pénètre dans l'émotion des gens. Dans le milieu, je pense avoir la réputation d'être quelqu'un d'exigeant. J'aime prendre des risques dans le répertoire et sortir des chemins très visités. Je peux interpréter le *Requiem* de Mozart avec bonheur mais aussi choisir des œuvres plus trapues, moins connues, qu'il va falloir défendre.

Ce que je préfère, c'est le concert, l'instant de la délivrance en quelque sorte, qui intervient après des mois, voire des années de travail.

Chaque chef a du féminin et du masculin en lui

En France, on compte à peine 4 % de femmes cheffes d'orchestre. Quand j'ai pris conscience de ce chiffre, j'ai été écœurée et je me suis aperçue qu'il y avait un effacement des femmes dans la culture depuis la nuit des temps.
C'est éthiquement insupportable. Depuis 2012, la Société des auteurs et compositeurs dramatiques (SACD) a fait toute une série de propositions avec des objectifs chiffrés pour que les femmes soient plus visibles, aussi bien les artistes - solistes, compositrices, metteuses en scène - que les directrices de maisons d'opéra ou de scènes nationales. On se bat pour que les femmes aient davantage de place. Et je dois dire que ça bouge beaucoup en ce moment. Ainsi, et pour la première fois depuis sa création, l'Orchestre de Paris, pour la saison prochaine, comptera cinq femmes cheffes au podium. Il y a 25 ans, j'ai créé mon propre ensemble, Accentus, qui est un chœur de chambre. Du coup, je n'ai pas été confrontée à ces difficultés. Je pense que les femmes cheffes sont jugées, notamment par les musiciens, beaucoup plus durement que les hommes, et c'est très injuste. De plus, leur carrière progresse bien moins vite. Le public a pu trouver leur présence étrange, voire exotique, mais plus maintenant, il me semble. Je crois que les spectateurs aiment cette diversité. Quant à la manière de diriger, il n'y a aucune différence. Chaque chef a du féminin et du masculin en lui, il ne faut pas tomber dans le cliché de l'homme plus autoritaire ou de la femme plus douce dans sa manière de diriger. Je dirais aux jeunes générations tentées par cette filière - et surtout aux jeunes filles - que c'est un métier exigeant et passionnant. Il faut se préparer à de très longues et difficiles études, parfois quinze années, mais il y a des débouchés, surtout si la place des femmes progresse sensiblement dans les prochaines années. Pour autant, et sans vouloir casser leur rêve, il faut vraiment s'accrocher.
Ce métier demande un engagement total, beaucoup de travail, de préparation, de sacrifices personnels. Mais quel bonheur lorsque l'œuvre, la manière de la délivrer, l'expressivité rencontrent l'émotion du public ! Quand on parvient à réussir cette prouesse, après avoir tout donné, c'est une libération. »

> “ En France, on compte à peine 4 % de femmes cheffes d'orchestre. Quand j'ai pris conscience de ces chiffres, j'ai été écœurée et je me suis aperçue qu'il y avait un effacement des femmes dans la culture depuis la nuit des temps. C'est éthiquement insupportable.

Laurence Equilbey

Claudie Haigneré

Rhumatologue et scientifique spécialisée en neurosciences, elle devient spationaute en 1996. Elle est alors la première femme européenne à aller dans l'espace. Actuellement ambassadrice et conseillère auprès de l'Agence spatiale européenne, elle prône la sensibilisation des jeunes filles aux carrières scientifiques.

C'est peu dire que son parcours est extraordinaire : jeune étudiante brillante – on la surnomme Bac + 19 –, gymnaste de haut niveau, elle devient médecin avant de changer de vie. Une petite annonce scellera son destin... La voici astronaute, la tête dans les étoiles mais les pieds sur terre.

« J'ai réalisé mon rêve. Celui qui s'est allumé dans ma tête une nuit de juillet 1969. J'avais alors 12 ans et je découvrais, émerveillée, les premiers pas de l'homme sur la Lune. La magie de ce moment reste inoubliable. J'ai compris alors que rien n'était impossible. Cette Lune inaccessible ne l'était plus. Ça m'a trotté dans la tête à l'adolescence. Comme il n'existait pas d'école d'astronautes, je me suis tournée vers les études de médecine et je suis devenue rhumatologue. Et un jour, je suis tombée sur un appel à candidatures du Centre national d'études spatiales (CNES) qui recherchait des scientifiques pour mener à bien des projets dans des stations spatiales. Et là, évidemment, j'ai dit : "C'est pour moi !" J'ai été sélectionnée et l'aventure a commencé. Après ma thèse de médecine, j'ai fait une thèse de neurosciences pour me sentir à l'aise dans cet environnement scientifique. Entre ma première mission en 1996 et le début de la préparation en 1985, il s'est écoulé onze ans. Je suis partie vivre à la Cité des étoiles à Moscou, de 1992 à 2001. Durant ces riches années de formation technique et de préparation physique, j'ai rencontré des hommes et des femmes venus de pays et de cultures différents. Ce fut une incroyable aventure scientifique, technique, et surtout humaine. Alors le jour J, je me sentais prête, en confiance, impatiente aussi, tout en restant bien évidemment vigilante et extrêmement concentrée. Quand nous grimpons à la petite échelle pour monter à bord, nous mesurons la responsabilité de ce moment : nous ne sommes pas trois, mais bien des centaines d'ingénieurs, de scientifiques, de techniciens. Bien sûr, je portais cette mission avec fierté en tant que première femme française, issue du civil et non de l'armée de surcroît.

On grappille du temps pour se coller au hublot

On a beau se préparer au sol dans un simulateur, la sensation en orbite est extraordinaire. Quand on regarde la Terre par le hublot, cette planète isolée dans un cosmos noir, mystérieux et hostile, c'est une vision magique. En quatre-vingt-dix minutes, on en fait le tour complet, découvrant les lumières de la nuit sur les bordures des continents mais aussi les forces naturelles : les cyclones, les moussons, les éclairs, tout cela visible à l'œil nu. Et puis ces moments de beauté magiques, poétiques, la terre ocre de l'Afrique, les sols verts américains. On perçoit aussi la vulnérabilité de la Terre et l'impact de l'homme. D'une mission à l'autre, j'ai vu la progression de la déforestation en Amazonie, le rétrécissement de la mer d'Aral. À bord, nous enchaînons les missions, les expérimentations, les contrôles divers, tout cela prend beaucoup de temps et les missions sont courtes ! Alors on tente de grappiller quelques minutes sur le temps de sommeil ou de déjeuner pour se coller au hublot et observer l'espace. Et puis, on retrouve son plaisir d'enfant à manipuler des objets, à s'affranchir de la gravité. À bord, le temps est calé sur celui au sol. Sur vingt-quatre heures, on accomplit dix heures de travail. Et comme sur Terre, le samedi, c'est le jour du ménage, du rangement, de la maintenance ! Le dimanche est un moment de temps libre, l'occasion d'entrer en contact avec la famille, les proches, c'est essentiel.

Les jeunes filles ne doivent pas se fixer de limites

Quand je vois les jeunes générations, et surtout les jeunes filles, je trouve qu'on les sensibilise bien trop tard aux carrières scientifiques. La question n'est évoquée qu'en première ou terminale. Or, les représentations et les clichés sont déjà installés. Il faut les y intéresser dès le plus jeune âge. En quoi consiste le métier d'ingénieur ? Un jeune est incapable d'y répondre, à la différence de bien d'autres professions. Ayant vu la Terre depuis l'espace, on me demande souvent : quelle planète allons-nous laisser à nos enfants ? Je retourne alors la question : quels enfants allons-nous laisser à notre planète ? Il faut éduquer les jeunes bien plus tôt et leur donner des modèles. Quand je m'adresse à des étudiantes, c'est pour leur dire : exprimez ce que vous êtes, n'attendez pas des autres qu'ils vous donnent la direction, qu'ils vous mettent des limites. La science, c'est la possibilité d'avoir des clés pour agir sur le monde. C'est aussi apprendre à questionner l'esprit critique, réintroduire les humanités, la philosophie. Le monde d'aujourd'hui se bâtit sur le digital et le numérique. Or, seules 12 % de jeunes femmes travaillent dans ces métiers. Et l'on compte à peine 5 % de femmes chez les développeurs. Cela veut dire que l'écriture du monde de demain est à 95 % masculine. Ce n'est ni le monde dans lequel on vit, ni celui dans lequel on veut se projeter. Ma fille, en tout cas, ne prendra pas ma suite ! Astronaute, ça ne lui dit rien. Âgée de 21 ans, elle poursuit des études d'ingénieur aux États-Unis. L'important est qu'elle trouve sa propre voie, comme moi j'ai trouvé la mienne. »

“

Ayant vu la Terre depuis l'espace, on me demande souvent : quelle planète allons-nous laisser à nos enfants ? Je retourne alors la question : quels enfants allons-nous laisser à notre planète ?

Claudie Haigneré

Odile Decq

Elle est l'une des rares femmes architectes à la stature internationale dans un milieu très masculin. Odile Decq est depuis ses 25 ans à la tête de l'agence ODBC, créée en 1980 avec son compagnon Benoît Cornette. Au décès de ce dernier, en 1998, elle se retrouve seule à la tête d'un studio d'architecture et doit faire face à des attaques sexistes. Bardée de prix, elle est aujourd'hui réputée, notamment pour l'extension du musée d'Art contemporain de Rome et le Fonds régional d'art contemporain (FRAC) de Bretagne. Après avoir été directrice de l'École spéciale d'architecture, elle crée et dirige une école à Lyon. Elle ouvre sa deuxième école à Paris en 2019.

« Architecte, c'est un métier très dur, qui exige de se battre. On se retrouve en permanence face à des hommes. De toute ma carrière, je n'ai eu affaire à une femme qu'une seule fois ! Les banquiers, les ingénieurs, les chefs d'entreprise, les ouvriers avec qui nous travaillons : ce sont toujours des hommes, et pour cause : on compte aujourd'hui seulement 30 % de femmes architectes inscrites à l'ordre et moins de 10 % d'entre elles à la tête d'une agence.

C'est le cas en France, mais aussi dans le monde entier alors que, dans les écoles d'architecture, 60 % des étudiants sont des filles. Pourquoi ? Parce qu'elles se découragent, manquent d'audace et de modèles féminins dans la mesure où la majorité des enseignants sont des hommes. Lorsque je me suis inscrite à l'ordre des architectes, au début des années 1980, nous étions 11 %. Ça ne progresse donc pas vite !

Quand j'ai dit à mon père que je voulais être architecte, il m'a répondu que ce n'était pas un métier pour les femmes

Quand j'ai commencé, je me sentais seule. Il n'y avait aucune femme autour de moi et les rares que j'ai rencontrées par hasard étaient plus âgées. Mais je n'ai pas eu le sentiment d'ouvrir la brèche, car il me paraissait évident que j'avais le droit d'être architecte. Si je me suis mise à mon compte à la fin des années 1970, c'est parce que, comme cela arrive souvent aux femmes, je ne me sentais pas assez compétente pour travailler en tant que salariée chez un architecte. J'avais peur qu'il me demande des choses dont je ne serais pas capable. Quand j'ai dit à mon père que je voulais être architecte, il ne pensait pas que ce serait possible. Il m'a répondu que ce n'était pas un métier pour les femmes. Cependant comme je m'entêtais, mes parents ont invité à déjeuner un de leurs amis. Je n'ai jamais oublié ce qu'il a dit : "C'est très compliqué l'architecture, mais comme les jeunes filles ont bien plus le sens pratique que les hommes, c'est très bien, tu concevras les placards de cuisine." Je me suis juré de ne jamais en faire !

L'éducation actuelle des jeunes filles ne leur permet pas de s'affirmer

À mes débuts, lors d'une réunion au ministère des Finances, je me suis retrouvée face à quinze hommes autour de la table. L'un d'eux m'a demandé de prendre des notes, j'ai refusé. J'ai dit : "Non, c'est vous, messieurs, qui allez les prendre, car moi, je suis architecte." Pour pouvoir travailler avec des hommes j'ai très vite compris qu'il fallait me montrer ferme et m'imposer. J'ai pris des cours de chant pour apprendre à poser ma voix et à la faire porter loin et fort sans qu'elle monte dans les aigus. C'est impératif si l'on veut se faire respecter par la gent masculine. Cela m'a servi lorsque j'ai commencé à enseigner. Même si les féministes se sont battues dans les années 1960, l'éducation actuelle des jeunes filles

ne leur permet pas de s'affirmer, ni de se montrer fortes et fermes face aux hommes. Dans l'école d'architecture que je dirige, j'apprends à mes élèves à se tenir droites lorsqu'elles présentent un projet, à s'affirmer, et à refuser de se laisser interrompre par les garçons.
Il y a encore une dizaine d'années, je pensais que les choses avaient avancé, eh bien non, ce n'est pas du tout le cas. J'ai longtemps cru que les quotas n'étaient pas une bonne chose, mais je me rends compte désormais qu'il va falloir en passer par là si l'on veut y arriver. Il faut nous montrer combatives. Quand on dit : "Je suis féministe", c'est perçu comme un gros mot. Ce n'est pas normal : être féministe ce n'est pas faire preuve d'agressivité, et vouloir tuer les hommes, c'est uniquement défendre la position des femmes dans le monde. On commente très souvent mon look, alors que personne n'épilogue sur l'apparence physique et la tenue vestimentaire des hommes. J'ai entendu des remarques sexistes durant toute ma carrière, à tel point que je n'y prête plus attention. Quand on vous en fait sur un chantier, vous êtes toujours la seule femme. Alors je me bats pour soutenir mes collaboratrices, pour qu'elles ne se laissent pas faire et n'abandonnent pas le métier.
Encore récemment, j'ai dû appeler un client, et lui écrire à plusieurs reprises pour lui demander de cesser ses remarques, et lui rappeler qu'être enceinte n'est pas une maladie.

Tout le monde me disait que je n'allais pas y arriver

Quand mon compagnon est décédé en 1998, et que je me suis retrouvée seule à la tête de l'agence, j'ai baissé en grade dans l'esprit des gens. Ils ne m'ont plus perçue comme une architecte, alors même que c'était moi qui avais fondé l'agence. Tout le monde me disait que je n'allais pas y arriver, et me conseillait de partir travailler pour un cabinet. Ça m'a beaucoup agacée. J'ai beau être assez combative en temps normal, là, j'ai fait le gros dos en attendant que ça passe. J'ai eu la chance de gagner un concours important pour réaliser le musée d'Art contemporain de Rome, et cela m'a permis de repartir : le jour de l'inauguration, beaucoup m'ont dit qu'ils ne m'auraient jamais crue capable d'une telle réalisation. Si je suis allée travailler à l'étranger dans les années 1990, c'est parce que j'ai réalisé que les hommes de ma génération, qui avaient commencé en même temps que moi, avaient construit beaucoup plus de bâtiments, on leur avait confié bien plus de projets, en France. Dans les autres pays, on ne vous demande pas qui vous êtes, on regarde ce que vous avez fait.
Mesdemoiselles, n'ayez pas peur du combat, il va falloir vous faire les muscles ! »

“

Quand on dit : "Je suis féministe", c'est perçu comme un gros mot. Ce n'est pas normal : être féministe ce n'est pas faire preuve d'agressivité, et vouloir tuer les hommes, c'est uniquement défendre la position des femmes dans le monde.

Odile Decq

Eva Joly

Née en 1943 à Oslo dans une famille d'origine rurale, Eva Joly est une femme politique et magistrate franco-norvégienne, une des rares femmes pénalistes. Députée européenne (groupe Verts-ALE) de 2009 à 2019, elle s'est également présentée à la présidentielle de 2012 (EELV). Mais c'est sous sa casquette de juge d'instruction que le grand public la découvre, notamment lorsqu'elle instruit le dossier Tapie-Crédit lyonnais ou encore l'affaire Elf. Elle reçoit pour cette dernière le prix de l'intégrité décerné par l'ONG Transparency International.

« Je suis devenue magistrate assez tard pour un pays comme la France, mais très tôt si l'on tient compte des normes américaines ou anglaises. Comme souvent dans ma vie, ce n'était pas vraiment planifié. En 1981, j'avais 38 ans, j'étais juriste à l'hôpital psychiatrique d'Étampes, quand j'ai vu une affiche dans le métro avec le slogan "devenez magistrat", qui vantait les mérites de ce métier dynamique. J'ai retiré un dossier et l'ai rempli en me disant que je n'avais rien à perdre, que cela me ferait une journée de liberté à Paris et que je pourrais faire du shopping après avoir passé les épreuves.

Beaucoup d'hommes me prenaient pour la greffière

Lorsque j'ai intégré le parquet financier d'Évry, il y avait très peu de femmes. Et quand j'en suis devenue responsable, j'étais sans doute la seule en France à la tête d'un parquet. Mais le métier s'est féminisé au bout de quelques années. Les femmes représentent environ 70 % de la magistrature, même si nous restons peu nombreuses à la tête des juridictions.
Lorsque vous êtes juge d'instruction et que vous posez des questions à des hommes qui n'ont pas l'habitude d'y répondre, être une femme, d'origine étrangère qui plus est, ne vous met pas en position de force. Beaucoup d'hommes me prenaient pour la greffière, et pensaient que j'avais le temps de leur servir le café. J'ai toute ma vie eu l'impression d'être au début de la vague, mais j'ai été suivie par des femmes remarquables.
On compte peu de femmes pénalistes parmi les stars du barreau. Beaucoup de clients préfèrent encore être défendus par un homme. Ils ont tort car les femmes sont souvent plus travailleuses et plus sérieuses que la gent masculine. C'est vrai chez les avocats comme pour toutes les autres professions.
Il est bien plus facile aujourd'hui pour une femme de faire carrière. Mais elles ont eu beaucoup de mal à percer le plafond de verre. Pour la génération de ma fille, et même de mes petites-filles, l'égalité n'est pas encore parfaite.

Les femmes sont souvent plus travailleuses que la gent masculine

Députée durant dix ans pour Europe Écologie-Les Verts, je viens de mettre un terme à mes deux mandats. L'égalité entre les femmes et les hommes est un des critères chez les Verts. J'aurais donc mauvaise grâce de prétendre avoir souffert du fait d'être une femme, d'autant qu'ils m'ont choisie pour être leur candidate à l'élection présidentielle de 2012. Mais je me souviens des quolibets, des bruitages pénibles et des remarques qu'a dû supporter Cécile Duflot en tant que députée de Paris. Elle avait mis une robe fleurie par une chaude journée d'été et cela a suscité énormément de commentaires au sein de l'Assemblée, essentiellement composée d'hommes blancs de 55 ans. C'était il y a sept ans seulement. Preuve qu'il y a encore du chemin à faire...

“

Le moindre de mes faits et gestes était observé. J’ai essuyé des commentaires très sexistes et particulièrement dégradants.

Je pense qu’il est plus difficile pour une femme que pour un homme d’être candidate à la présidentielle. J’ai été très critiquée pour mon accent, mais aussi pour mon âge et ma tenue vestimentaire. Le moindre de mes faits et gestes était observé. J’ai essuyé des commentaires très sexistes et particulièrement dégradants. Comment j’étais habillée, coiffée, maquillée : tout était passé à la loupe. Impossible de prendre le train à 7 heures du matin sans s’être parfaitement préparée ! C’est une contrainte que n’ont pas les hommes. On ne leur reproche jamais leur âge et cela ne vient à l’esprit de personne de juger leur apparence physique. J’ai subi aussi beaucoup de remarques xénophobes. François Fillon, par exemple, a dit que je n’avais sans doute pas vécu assez longtemps dans notre pays pour comprendre les Français. J’ai trouvé ça incroyablement méprisant pour la femme que je suis (et qui a sans doute vécu bien plus longtemps que lui en France), comme pour les Français intégrés dans notre pays même s’ils n’y sont pas nés.

J’ai été surnommée “la juge rouge”

L’affaire Elf, qui a occupé huit ans de ma vie, de 1994 à 2002, m’a coûté cher. Durant cette période j’ai été surnommée “la juge rouge” alors que je ne faisais qu’appliquer la loi. On m’a aussi appelée “la femme venue du Nord qui pue le poisson”. Je trouvais que tout cela manquait singulièrement d’élégance. Cette affaire m’a créé des problèmes de toutes sortes mais m’a aussi énormément appris. J’ai reçu des menaces de mort et ai dû vivre protégée par des gardes du corps pendant de nombreuses années. Ils m’ont accompagnée jusqu’à l’aéroport quand j’ai quitté la France en 2002. Je l’ai accepté, bien sûr, mais j’avais l’impression qu’on me volait mon intimité. Il y a quelque chose de révoltant à avoir besoin de vivre sous protection alors que vous êtes juge d’instruction. La Commission des opérations de bourse (COB) *[N.D.É. : devenue l’Autorité des marchés financiers (AMF)]* avait saisi le parquet après avoir constaté de nombreuses anomalies de comptabilité dans la présentation de comptes d’un groupe de textile, Bidermann, dans lequel je découvre qu’Elf *[N.D.É. : entreprise pétrolière publique à l’époque]* a investi d’importantes sommes *via* une banque canadienne. Je connaissais bien les banques pour avoir travaillé au Trésor et fait de la restructuration industrielle pendant trois ans. Je sais que les banques n’investissent pas dans des entreprises au bord du dépôt de bilan sans avoir de très sérieuses garanties. J’ai décidé de creuser cette piste, avec l’intuition qu’il y avait sans doute derrière de nombreux montages financiers. J’ai été rejointe par la juge Laurence Vichnievsky. C’est devenu l’affaire de corruption la plus importante de l’Europe occidentale depuis la guerre : 3,5 milliards de francs de l’époque ont été détournés au profit de dirigeants africains et de partis politiques français. Un vrai pillage. Ce qu’il faut retenir aujourd’hui, c’est que l’enquête de police a été de très grande qualité, que la justice a fonctionné. Trente des trente-sept personnes renvoyées en jugement ont été condamnées à la peine la plus sévère prévue par la loi. La France dispose de magistrats compétents, non corrompus, mais nous souffrons toujours cruellement d’un manque de moyens.

Les projets ne s’arrêtent pas avec la ménopause

J’ai eu plusieurs modèles féminins au fil de ma vie, à commencer par ma famille. J’avais une grand-mère merveilleuse : elle a élevé seule deux enfants, ma mère et mon oncle, après avoir divorcé, ce qui ne se faisait absolument pas dans les années 1920. Elle était coiffeuse, chanteuse, avec une voix divine. Quant à ma mère, elle était toujours joyeuse, et notre famille trouvait le bonheur dans des choses simples, au sein de la nature.
Puis il y eut des icônes comme Simone Veil bien sûr, mais aussi Geneviève de Gaulle et la cinéaste Marceline Loridan-Ivens. Car pour ces femmes, il y avait une vie après les camps et elles ont trouvé les mots pour dire la souffrance du corps dans le camp, mais aussi la féminité et l’amour. Je trouve qu’il n’y a rien de plus fort que ça.
Beaucoup de femmes m’ont dit qu’elles admiraient mon parcours. Au début, j’essayais de leur expliquer qu’il n’avait rien d’extraordinaire, qu’il suffisait de mettre un pied devant l’autre. Et ensuite j’en ai profité pour leur dire que tout est possible pour elles, quel que soit leur âge, et qu’elles doivent s’autoriser à penser à leur avenir durant toute leur vie. Beaucoup d’entre nous s’autolimitent, pensent que leurs projets s’arrêtent avec la ménopause. J’ai dépensé beaucoup d’énergie à démontrer que ce n’est pas vrai et que l’on peut commencer une nouvelle carrière à 72 ans. Nous pouvons être belles, bien habillées, intelligentes, attractives et actives jusqu’à très tard dans la vie. »

Eva Joly

Mireille Dumas

Figure incontournable du paysage audiovisuel français. Mireille Dumas débute en tournant des documentaires primés. Journaliste, animatrice, réalisatrice et productrice, son nom est aujourd'hui attaché aux fameuses émissions « Bas les masques », « La Vie à l'endroit », « Vie privée, vie publique ». En 1991, elle a fondé la société de production MD productions. Elle était à l'époque la première femme productrice animatrice. En 2021, pour ses 68 ans, elle fêtera ses 40 ans à l'antenne.

« La fête organisée à l'occasion de la centième émission de "Bas les masques" le 27 février 1995 reste pour moi un sacré souvenir. C'était complètement inattendu d'arriver jusque-là. De ma vie entière, je n'avais jamais imaginé que je ferais de la télévision. Je ne la regardais d'ailleurs même pas quand j'étais petite. Je pensais que je serais enseignante, avocate ou que je ferais du théâtre.

Cela devait durer un trimestre, j'ai fait 150 émissions

Au départ, j'avais signé un contrat pour trois mois seulement. Je réalisais des documentaires qui marchaient bien et décrochais même de jolis prix au niveau international, quand Hervé Bourges, le président de France Télévisions, m'a proposé de faire de l'antenne. J'étais sur le point de partir comme réalisatrice de cinéma. J'ai donc signé ce premier contrat en croyant que cela durerait un trimestre, mais j'ai fait cent cinquante émissions puis enchaîné durant des années avec toutes sortes de magazines, comme "La Vie à l'endroit" puis "Vie privée, vie publique". J'ai interviewé énormément d'anonymes, mais aussi de nombreuses personnalités, de Brigitte Bardot à Françoise Hardy en passant par Pierre Palmade, Laurent Gerra ou Michel Drucker. Mais il y en a certaines que je n'ai jamais rencontrées, comme Gérard Depardieu ou Jean-Jacques Goldman. Je garde un souvenir ému d'Annie Girardot, venue me parler de son attachement à sa maman, malade d'Alzheimer. Quelques années plus tard, elle a eu cette maladie à son tour. Je n'ai pas oublié non plus cette rencontre absolument magnifique avec Jean-Louis Trintignant. J'étais terrorisée à l'idée de l'interviewer. C'était d'autant plus compliqué que sa fille Marie était morte un an auparavant. Il m'avait dit de ne pas lui en parler et puis finalement il l'a fait de lui-même au cours de l'entretien. Il m'a demandé si je pensais qu'il avait assez bien parlé d'elle. Je lui ai répondu que c'était magnifique ; alors il n'a pas coupé le passage au montage. Beaucoup de personnalités m'ont finalement parlé de leurs parents. L'entretien devient intéressant quand vous vous laissez entraîner sur des chemins de traverse et que les invités vous livrent des choses auxquelles vous ne vous attendiez pas.

J'ai eu de sacrés fous rires, une fois notamment à cause d'un sirop. J'avais alors quarante de fièvre, une énorme bronchite et du mal à parler. Du coup je buvais une rasade entre chaque prise. On tournait une émission de "Bas les masques" un peu délicate, sur des femmes qui sortaient de prison. Je me souviens avoir posé une question très sérieuse avant de partir dans un éclat de rire incontrôlable. Je me suis réfugiée dans ma loge, mais impossible de m'arrêter, j'étais droguée. Les pompiers sont arrivés, ça a duré plus d'un quart d'heure ! Mais il m'est arrivé aussi de quitter le plateau pour ne pas pleurer devant l'invité, comme lorsque j'ai reçu une jeune fille de 20 ans qui avait contracté le sida lors de sa première relation sexuelle.

Je recherchais la fragilité du témoignage

En 2021, je fêterai mes 40 ans à l'antenne puisque j'ai réalisé mes premiers documentaires en 1981. Mes émissions tournaient souvent autour de la thématique de la résilience. Ce qui m'intéresse, c'est la façon dont les gens parviennent à se reconstruire alors que la vie les a détruits. Les premières années, c'étaient essentiellement des femmes qui témoignaient afin que ce qu'elles avaient vécu serve aux autres. Et peu à peu, les hommes sont venus aussi, ont accepté de montrer leur

fragilité cachée. Les gens me disent souvent que mes émissions ont permis de briser des tabous et qu'elles les ont touchés parce qu'ils se sont retrouvés dans les sujets abordés.
Je recherchais la fragilité du témoignage. Or, ce qu'on a à dire d'important ne surgit pas forcément d'emblée. Il faut donc laisser aux anonymes suffisamment de temps pour s'habituer à la caméra et parvenir à se confier. Certains invités avaient du mal à tomber le masque, les hommes politiques notamment, qui sont entraînés à ne pas répondre aux questions qu'on leur pose. C'est la raison pour laquelle j'abordais avec eux des thèmes précis comme l'enfance, ou bien j'utilisais des chansons vectrices d'émotion. Pour ma part, je ne tombe pas le masque facilement. J'ai toujours été timide. Ma mère fut mon institutrice pendant des années : quand elle me posait une question, c'était l'enfer. Au lycée, pareil, je perdais toujours mes moyens à l'oral. J'ai fait du théâtre pour soigner ma timidité mais je reste de nature pudique. Je parle rarement de moi spontanément.
En revanche, j'estime que lorsqu'on me pose une question, la moindre des courtoisies est d'y répondre, puisque j'en ai tant posé. J'ai fait en sorte, tout au long de ma vie, de ne pas trop m'exposer. Je ne suis jamais allée dans les endroits à la mode où l'on se fait photographier. Je me suis toujours protégée, mais il m'est arrivé une fois d'être confrontée à des paparazzi lors d'un moment dramatique, très douloureux, et ça m'a énormément choquée.

Pas évident de discuter budget avec les hommes

Il y a évidemment des femmes qui m'ont influencée, comme les journalistes Anne Gaillard et Éliane Victor. Elles ont ouvert la brèche, j'ai essayé de le faire aussi à leur suite dans les années 1980 en réalisant des films sur les prisons, la prostitution, la transsexualité, l'homosexualité et les violences faites aux femmes. D'autres continueront après moi. Je n'ai jamais ressenti le sexisme en tant qu'animatrice, journaliste ou réalisatrice. En revanche, en tant que productrice, c'était une autre histoire. Sans doute parce que j'étais la première femme productrice animatrice dans les années 1990. Quand il s'agissait d'aller discuter les budgets avec les hommes, ce n'était pas évident, d'autant que je détestais parler d'argent. Du coup il m'est arrivé d'avoir moins de budget qu'un homme, même si j'avais plus de notoriété que lui.
On dénonce les propos machistes des hommes, mais j'ai rencontré au cours de ma carrière des femmes qui n'étaient pas amicales et avaient même tendance à se comporter en rivales. Il faut que les femmes soient plus solidaires entre elles. Les hommes constituent des réseaux depuis longtemps, sont bien mieux organisés que nous. La sororité a un bel avenir devant elle. »

“ On dénonce les propos machistes des hommes, mais j'ai rencontré au cours de ma carrière des femmes qui n'étaient pas amicales et avaient même tendance à se comporter en rivales.

Mireille Dumas

Sonia Rolland

C'est à 18 ans que la vie de Sonia Rolland prend un tournant radical. Elle est élue Miss France 2000 et devient la première Miss d'origine africaine. Née au Rwanda dans une famille bourgeoise, elle part en exil forcé à 13 ans vers la Bourgogne pour échapper au génocide. Elle grandit alors dans les cités et découvre la vie en promiscuité. Après son élection, malgré les insultes qui fusent sur sa couleur de peau, elle ne renonce pas et crée un collectif d'actrices noires. Elle est aujourd'hui actrice et réalisatrice.

Celle qui se présente comme le garçon manqué des terrains de basket des HLM est élue Miss France le 11 décembre 1999. Ses yeux s'embuent quand elle se souvient de la cagnotte récoltée par ses proches afin de lui permettre de s'acheter le trousseau nécessaire pour participer au concours.

J'étais la Miss qui représentait un siècle nouveau

« Ce 11 décembre 1999 a fait basculer ma vie. J'ai très vite réalisé que je n'étais pas préparée. Les Miss d'aujourd'hui le sont bien mieux. À l'époque, je ne connaissais même pas mon meilleur profil ! J'ai appris plus tard par madame de Fontenay que si je n'avais pas gagné, j'aurais tout de même eu le titre de Miss Sympathie, et pour moi, c'était une double victoire.
Je me souviendrai toute ma vie du jour où j'ai été élue Miss France. Quand on annonce que Miss Bourgogne a gagné, je suis bouleversée. Mes yeux s'embuent, je ne vois plus rien, n'entends plus rien. Les filles hurlent mon prénom, la Première dauphine me prend dans ses bras, les gens me disent de monter sur le podium. J'ai peur de me casser la figure, je n'arrive plus à réfléchir à quoi que ce soit. Je me laisse porter vers l'inconnu avec la sensation de sauter dans le vide. Je suis grisée par cette victoire pour la Bourgogne et en même temps je pense au Rwanda de ma mère, présente dans la salle. Je n'oublierai jamais la phrase qu'elle m'a dite en me prenant dans ses bras quelques minutes après la victoire : "Tu es ma revanche sur la vie." J'ai peut-être été portée par un vent favorable. J'étais la Miss qui représentait un siècle nouveau. Comme Jamel Debbouze ou Omar Sy, j'ai profité de la vague black-blanc-beur qui a déferlé après la Coupe du monde de football de 1998.
À 18 ans, j'ai une forme d'insouciance qui m'aide beaucoup. Je ne me serais sans doute pas présentée à Miss France aujourd'hui. À l'époque, c'est une question de survie. Je suis galvanisée par toute la population de ma cité qui me pousse à y aller et me soutient financièrement. Mes parents n'ont pas du tout les moyens de m'acheter la garde-robe et la trousse de maquillage nécessaires pour concourir au titre de Miss France. Alors une de nos voisines, Michèle, une grande amie de ma mère, organise une cagnotte. Un jour, elle me donne une enveloppe en me disant : "Tu nous la ramènes, cette couronne." Ça m'a donné l'impulsion. C'est à elle et à tous les gens qui se sont cotisés que je pense au moment où l'on pose la couronne sur ma tête. Quand je reviens en Bourgogne, à Cluny, quelques jours après la victoire, et que je vois ces visages, toutes ces origines mélangées, j'ai l'impression d'avoir réussi quelque chose. Que ce titre de Miss a été utile à une population entière, qu'il a changé le visage d'une ville, et peut-être d'un pays. Mais je ne réalise pas tout de suite l'impact que cette couronne va avoir dans ma vie et dans celle des personnes noires ou métisses, issues d'un milieu social défavorisé. Aujourd'hui, beaucoup de gens me disent encore qu'ils se rappellent mon élection et affirment qu'elle a marqué un tournant dans l'histoire. Ils se sont identifiés à moi parce que je suis noire mais aussi parce que j'ai grandi dans une cité HLM, et que je viens du même milieu ouvrier qu'eux. Sans les renier, c'était compliqué pour moi d'évoquer mes origines sociales, car la Miss doit faire rêver...

Quand on arrive en Bourgogne, on a tout perdu

Je suis arrivée en France avec mes parents, en 1994, dans des conditions d'exil forcé. Au Rwanda, mon père est imprimeur et Maman fait de l'import-export. On a une très belle vie, mais du jour au lendemain tout s'arrête à cause de la guerre.

Comme ma mère est tutsi, mon père a peur pour notre sécurité et décide de nous envoyer en Bourgogne chez ma grand-mère. Quand on arrive chez elle, on a tout perdu. On découvre le froid, les HLM. En Afrique, j'ai grandi dans un milieu bourgeois, je fréquentais l'école française et côtoyais les enfants de diplomates. D'un seul coup, je découvre ce que c'est que vivre les uns sur les autres, parqués dans des barres d'immeubles. La seule chose qu'il nous reste, c'est une valise et un album de photos de famille. On est la seule famille noire de Bourgogne. On est complètement démunis. Ma mère fait vraiment preuve de courage. Ses diplômes rwandais ne sont pas reconnus en France et il faut qu'elle trouve un boulot décent pour nourrir ses enfants. On lui propose une formation à 400 kilomètres de la maison : alors, à 15 ans, elle me confie mon petit frère et les clés de la maison.

Moi, rien ne m'a jamais arrêtée

J'ai toujours eu le sentiment de devoir justifier les raisons pour lesquelles je me présentais à Miss France, comme s'il n'allait pas de soi que cela pouvait être une opportunité pour changer de vie. Une certaine catégorie de femmes ne supporte pas l'image que renvoie Miss France. Elles ont l'impression que nous sommes chosifiées, réduites à des trophées. À ces femmes-là, je veux dire que malgré la norme physique imposée par le concours, Miss France permet de toucher les consciences, de véhiculer d'autres idées, et c'est peut-être une manière de défendre le féminisme.

En tant que première Miss d'origine africaine, j'avais aussi une énorme pression sur les épaules. Geneviève de Fontenay a découvert à travers moi une Afrique multiculturelle. Elle a pris conscience du métissage et de sa complexité. Ma plus grande fierté, c'est d'avoir résisté à toutes les humiliations auxquelles j'ai été confrontée. Une catégorie de gens racistes, très déterminés, n'a pas accepté mon titre de Miss. J'ai reçu de nombreuses lettres d'insultes, de menaces. Certaines contenaient même des excréments. On citait des animaux pour me décrire, on disait que je ne représentais pas la France, qu'une "négresse" n'avait pas à porter l'écharpe de Miss.
J'ai toujours dédramatisé, mais Geneviève de Fontenay était chaque fois effondrée, très peinée. Elle voulait réagir, convoquer l'AFP, répondre aux gens qui donnaient leur adresse. Je l'en ai toujours dissuadée.
Cependant, personne ne m'a jamais adressé de propos racistes en face. Le statut de Miss France m'a protégée, car il fait un peu partie du patrimoine français. Mais certaines de mes consœurs ont vécu des choses dramatiques sur le plan psychologique et ont parfois dû renoncer à exercer leur métier. Moi, rien ne m'a jamais arrêtée. Étant donné le milieu ouvrier d'où je venais et ma couleur de peau, ce titre m'a permis de réaliser rapidement des rêves qui me paraissaient totalement inaccessibles. Quand je disais à ma mère que je voulais être comédienne, elle me répondait : "Eh bien, trouve-moi des exemples de Noirs qui ont réussi à percer à la télévision." À part Mouss Diouf, qui avait un second rôle dans une série, il n'y en avait pas. Certaines jeunes filles s'inspirent de mon parcours. Je m'en réjouis car c'est aussi pour elles que j'ai créé un collectif d'actrices noires et que nous avons cosigné à seize un livre intitulé *Noire n'est pas mon métier* (éditions Le Seuil), dans lequel nous témoignons de notre parcours et des humiliations subies. Le conseil que je donnerais aux filles d'aujourd'hui est de ne pas renoncer. Notre propre ennemi, c'est nous-mêmes. Il ne faut pas se restreindre dans ses ambitions mais s'autoriser à rêver grand. »

“ Le conseil que je donnerais aux filles d'aujourd'hui est de ne pas renoncer. Notre propre ennemi, c'est nous-mêmes. Il ne faut pas se restreindre dans ses ambitions mais s'autoriser à rêver grand.

Sonia Rolland

Élisabeth Badinter

Fille de Marcel Bleustein-Blanchet, fondateur de Publicis, Élisabeth Badinter est connue pour ses engagements sur la place des femmes dans la société et pour le droit des femmes immigrées. Son premier livre publié en 1980, à l'âge de 36 ans, remet en cause l'idée d'un amour maternel naturel. Une vingtaine d'ouvrages plus tard et des prises de position engagées sur la GPA ou encore le mariage pour tous, cette philosophe poursuit son combat pour un féminisme conquérant et surtout pas victimaire.

Les évolutions, les crispations de la société la passionnent. La condition des femmes a toujours été son combat. Philosophe, femme libre et engagée, sa parole compte. Ses questionnements nous interpellent et sa réflexion reste essentielle au débat.

« Le livre de Simone de Beauvoir, *Le Deuxième Sexe*, a énormément compté dans ma vie. J'avais 16 ans, je l'ai lu d'une traite, durant les quarante-cinq minutes de trajet entre mon domicile et l'école. Refusant de suivre le chemin traditionnel, le mariage, la maternité, elle a ouvert l'horizon des femmes, alors enfermées dans des stéréotypes, des destins obligatoires. Dans ma génération, on s'est dit : "Tout est possible." C'est en cela qu'elle a fait craquer les obligations féminines, le modèle de l'époque. C'était formidable, enivrant. Jusqu'aux années 2000, les féministes ont eu des objectifs conquérants, tels que casser les règles sociales, affirmer leur liberté sexuelle, choisir ou pas d'être mère, revendiquer l'égalité salariale. On se reconnaissait toutes dans ces divers combats. Nous pensions alors que ces libertés acquises, l'égalité des sexes, concerneraient nécessairement toutes les femmes du monde. Puis est arrivé un nouveau féminisme, plus jeune, plus exigeant, plus pressé aussi, mêlant des combats que je juge parfaitement légitimes, et d'autres, sans grand intérêt, comme l'écriture inclusive par exemple. J'estime qu'il faut se concentrer sur les grands sujets. Ce néoféminisme ou féminisme communautaire m'apparaît philosophiquement en totale opposition avec le féminisme universaliste de Simone de Beauvoir. Je suis de celles qui n'ont jamais été l'ennemie des hommes, bien au contraire. Il me semble qu'il faut avancer ensemble. La pire erreur serait de généraliser. Beaucoup d'entre eux, jeunes et moins jeunes, se sentent collectivement agressés. Or, les femmes ont besoin des hommes, et inversement.

La guerre des sexes ne fera pas avancer la cohabitation entre hommes et femmes

Le féminisme, tel que je l'ai connu, était non-violent, exigeant. La grandeur du féminisme, c'est d'avoir réussi une révolution lente, certes, mais sans doute la seule sans schlague, goulag, ni guerre. La guerre des sexes ne fera pas avancer la cohabitation entre hommes et femmes. Et quitte à me fâcher avec certains, j'irai même plus loin : les mouvements #MeToo, ou pire encore #BalanceTonPorc, furent un choc pour beaucoup d'hommes qui se sont sentis impliqués, mis au niveau des vrais salauds. Bien entendu, la libération de la parole, notamment pour les femmes violées, est très positive. Toutes celles que j'ai rencontrées m'ont dit combien le fait d'avoir pu en parler anonymement sur les réseaux sociaux, souvent bien des années après leur agression, les avait soulagées. Mais qualifier sous le même

Je suis de celles qui n'ont jamais été l'ennemie des hommes.

terme de "violence" le viol, le harcèlement de rue, les insultes, ou encore des regards, constitue à mes yeux une tricherie intellectuelle très grave. On ne peut pas comparer un viol, une attaque physique et le reste. Être sifflée dans la rue n'est pas une violence. C'est en cela que les hommes se sont sentis mis en accusation. Cette méfiance réciproque entre hommes et femmes est un désastre.

Je suis philosophiquement contre la parité

Fille parmi des milliers de Simone de Beauvoir, j'ai vécu avec un féminisme conquérant, pas avec un féminisme victimaire. Lors de la célébration du 8 mars, on refait l'addition des actes ou des situations contre les femmes. Si j'étais une petite fille de 10 ans, face à ce bilan, je m'interrogerais sur mon destin. Cela ne m'inclinerait pas à combattre mais à me protéger. C'est pourquoi il faut dire à cette petite fille d'aujourd'hui : "Le monde est à toi. Si tu travailles beaucoup, tu as droit à toutes les ambitions". Hélas, on constate une sorte de timidité des filles, précisément en raison de ce féminisme victimaire qui en fait des victimes dès leur naissance. Eh bien non ! Tout leur est possible, tout est ouvert, à part la papauté. Il faut les encourager, pas les décourager.

L'égalité des salaires, le partage des tâches domestiques sont des combats que je mène depuis des décennies. En revanche – et même si je reconnais que le débat a permis de faire la lumière sur les inégalités –, je suis philosophiquement contre la parité. J'ai été très hostile à son inscription dans la Constitution *[N.D.É. : en 1999]*. Il ne s'agit pas de nommer autant de femmes que d'hommes ; la question majeure est celle de la compétence. Comme le disait Françoise Giroud, on aura gagné la partie quand on choisira dans un gouvernement une femme incompétente, comme on choisit un homme incompétent.

La GPA finira par être autorisée

Sur la question de la gestation pour autrui, je plaide pour une GPA éthique. Depuis des millénaires, on nous explique que la mère est celle qui accouche et qu'elle est dotée d'un instinct maternel. Je ne crois pas à cet instinct, telle une donnée universelle. Les mères porteuses se considèrent comme des nourrices, elles le font comme un don. Au Royaume-Uni où la GPA est légale depuis 1985, la question éthique est centrale et la procédure très encadrée. Même si l'opinion française y semble désormais favorable, je pense que le débat va prendre du retard. Nous assistons dans plusieurs pays occidentaux à un certain nombre de régressions sur des sujets qui concernent les femmes. Je pense au mariage pour tous ou à l'avortement. En Italie par exemple, 70 % des médecins accoucheurs refusent de pratiquer des IVG. Les divers lobbys antiavortement sont très actifs, de Bruxelles à Moscou, en passant par les USA. Mais un débat public sur la GPA éthique aura lieu, et elle sera autorisée dans notre pays, j'en suis convaincue. »

> “ On constate une sorte de timidité des filles, précisément en raison de ce féminisme victimaire qui en fait des victimes dès leur naissance. Eh bien non ! Tout leur est possible, tout est ouvert, à part la papauté. Il faut les encourager, pas les décourager.

Élisabeth Badinter

Christelle Brua

Son parcours est à l'image de sa pâtisserie signature (une pomme en sucre soufflé, crème glacée caramel, cidre et sucre pétillant) : ambitieux. À 41 ans, Christelle Brua est en 2018 la première femme à être sacrée « meilleure pâtissière de restaurant au monde ». Depuis 2003, elle officie au *Pré Catelan* de Frédéric Anton à Paris, trois étoiles Michelin et cinq toques au *Gault & Millau*. À son arrivée, elle était l'unique femme de l'équipe. En 2019, l'Élysée la recrute pour seconder le chef Guillaume Gomez et prendre en charge la pâtisserie.

« Le 9 octobre 2018, j'ai reçu au Maroc le prix Varlhona de meilleur pâtissier de restaurant au monde. C'était irréel. J'étais un peu gênée. J'en ai oublié de remercier mes parents, restaurateurs en Lorraine, qui ont su déceler en moi le grain de folie nécessaire pour faire ce métier...

J'ai raté de peu le concours de Meilleur Ouvrier de France

Je suis honorée et très fière d'avoir été la première femme à recevoir ce prix. Je ne m'attendais pas à ce que s'ensuive pareil tourbillon médiatique. J'ai reçu énormément de messages de demoiselles me demandant des conseils et me disant que j'étais pour elles un modèle. Dans mon parcours, j'ai eu la chance de côtoyer Paul Bocuse, que tout le monde dans la profession appelait "Monsieur Paul", et de vivre avec lui des moments très privilégiés. J'ai été très peinée lorsque j'ai appris sa mort l'an dernier et le suis encore aujourd'hui, cela reste très dur. Je n'oublierai jamais les mots qu'il a su trouver il y a huit ans, quand j'ai raté le concours de Meilleur Ouvrier de France en cuisine. Je l'avais manqué de peu et trouvais ça tellement injuste qu'il était hors de question que je le présente de nouveau. J'avais décidé de tirer définitivement un trait dessus. Mais Monsieur Paul a su me remotiver et m'encourager. Si j'ai repassé le concours par la suite, c'est grâce à lui. Il m'a permis de retrouver l'envie et a réussi à me convaincre qu'il ne fallait pas rester sur un échec. Monsieur Paul me surnommait affectueusement "la petite", et c'était une fierté.

Monsieur Paul me surnommait affectueusement "la petite", et c'était une fierté.

J'ai harcelé le chef Frédéric Anton pour qu'il me reçoive

J'ai d'abord travaillé au restaurant *L'Arnsbourg*, en Lorraine, de 1997 à 2002. J'y ai gravi tous les échelons, d'apprentie cuisinière à cheffe de pâtisserie. Quand l'établissement a reçu trois étoiles au Michelin, j'ai décidé du jour au lendemain de donner ma démission et de prendre le train pour Paris. J'avais entendu dire que le chef Frédéric Anton, dont le portrait trônait dans ma chambre, cherchait quelqu'un en pâtisserie pour son restaurant du *Pré Catelan*. Je lui ai envoyé un CV et l'ai carrément harcelé en l'appelant cinquante fois par jour jusqu'à ce qu'il me reçoive. Ma vie a basculé lorsque je l'ai rencontré en 2003. Il m'a testée puis embauchée. J'ai réalisé lors de mon premier jour de travail qu'il n'y avait pas de femme en cuisine. J'étais la première fille de l'équipe. Mais cela n'avait pas grande importance pour moi. J'étais insouciante, j'avais juste envie de faire ma place. J'ai pris mes marques naturellement et n'ai pas rencontré de difficultés avant de tomber enceinte. J'ai vécu mes neuf mois de grossesse en travaillant selon les mêmes horaires, mais après l'accouchement on m'a dit que je ne pourrais plus faire ce métier. Je me suis arrêtée vingt jours, puis j'ai repris le travail avec mon fils dans le cosy. Frédéric Anton m'a donné son accord, le temps que je trouve une solution pour faire garder le petit. Quand j'étais trop fatiguée, il le prenait dans le porte-bébé pour faire un tour. L'équipe du *Pré Catelan* compte aujourd'hui sept filles sur neuf. La voie est ouverte, mesdemoiselles, foncez et ne lâchez rien ! »

“

J'ai réalisé lors de mon premier jour de travail qu'il n'y avait pas de femme en cuisine. J'étais la première fille de l'équipe. Mais cela n'avait pas grande importance pour moi. J'étais insouciante, j'avais juste envie de faire ma place.

Christelle Brua

Amélie Nothomb

Elle est née en Belgique en 1966, mais c'est certainement la plus française des écrivaines francophones. Depuis 1992, date de son premier roman *Hygiène de l'assassin*, l'auteure publie un livre par an. Ses romans se classent parmi les meilleures ventes et sont traduits dans de nombreuses langues. Elle collectionne les prix et distinctions académiques. En 2015, elle est élue membre de l'Académie royale de langue et de littérature françaises de Belgique.

« Pour la sortie de mon premier roman *Hygiène de l'assassin* en 1992, j'étais un bébé, j'avais 25 ans, je débarquais de Bruxelles, et j'étais terriblement impressionnée par Paris et toutes ces choses qui n'étaient pas du tout à ma portée. J'arrivais avec l'impression ridicule mais très sincère d'avoir conquis Paris. Je me sentais comme Napoléon.

J'ai expédié mon manuscrit à une « toute petite » maison d'édition

Le 16 novembre 1992, jour de ma toute première télévision, dans «Le Cercle de minuit», je n'en menais pas large, j'avais un trac monstrueux et à l'instant où la caméra s'est fixée sur moi, j'ai senti que mon cœur s'arrêtait de fonctionner. Mais miracle, il s'est remis à battre et j'ai pu répondre aux questions. J'étais absolument malade de panique et persuadée que le monde entier me regardait. J'étais comme une petite fille qui jouait à la guerre. *Hygiène de l'assassin* était en fait mon onzième manuscrit, mais le premier dont j'étais fière. Du coup, j'ai espéré qu'il soit publié. Je l'ai envoyé à Paris car si l'on veut être reconnu en Belgique, il vaut mieux avoir un éditeur français, pour des raisons évidentes de diffusion. Donc je l'avais envoyé à un premier éditeur en la personne de Gallimard, qui l'a refusé, ce dont je le remercie avec le recul. Et puis je me suis dit : "Faisons une seconde tentative." J'ai bien dit une "seconde" parce que je n'aurais jamais eu le courage d'en faire une troisième. Je l'ai envoyé à ce qui me paraissait être une toute petite maison d'édition. Je rappelle que tout cela est vu de Bruxelles, du haut de mon ignorance. Je l'expédie donc à cette toute petite maison d'édition, Albin Michel, et pour faire simple, je l'adresse au président. Eh bien, j'ai eu raison : exactement un mois plus tard, il m'a appelée. J'étais alors chez moi à Bruxelles, c'était en mars 1992. Un monsieur avec une voix impressionnante me dit : "Bonjour, je suis Francis Esménard, des éditions Albin Michel. J'ai lu votre manuscrit *Hygiène de l'assassin*. Est-ce que vous m'autorisez à le publier ?" Et là j'ai eu juste assez de voix pour répondre oui. J'ai raccroché le téléphone et suis tombée dans les pommes.
C'est ainsi que je me suis retrouvée à faire ma première rentrée littéraire alors que je ne savais même pas à l'époque que ça existait, ni que c'était le meilleur moment pour publier un livre et se faire remarquer. Je commençais à être de plus en plus impressionnée par toutes ces histoires. Et de fait, ce fut une histoire absolument colossale puisque le livre a connu un très grand retentissement avec des articles magnifiques, en particulier dans le journal *Le Monde*.

Ce livre ne pouvait être que celui de mon amant

Il s'ensuivit aussitôt une cabale extraordinaire pour dire que ce livre n'était évidemment pas l'œuvre d'une jeune femme de 25 ans, qu'il avait forcément été écrit par quelqu'un d'expérience et de plus âgé que moi. Je n'étais pas si flattée car je me disais que j'étais bien peu crédible dans le rôle de l'auteure de ce livre. Albin Michel m'a placée dans toutes sortes de cocktails afin que je me fasse connaître. Je sortais mon cahier pour prouver que j'avais bien écrit le livre et les gens s'esclaffaient encore plus, m'expliquant que cela ne prouvait rien puisque j'avais très bien pu recopier du premier au dernier mot ce texte, probablement écrit par mon amant. Il fallait

absolument que ce livre ait été rédigé par un homme car cela se reconnaissait au style. J'ai réalisé au bout de trois mois de cette cabale qu'il n'y avait absolument aucun moyen juridique ou philosophique de prouver que j'étais bel et bien l'auteure d'*Hygiène de l'assassin*. On a fini par bien vouloir me croire car personne d'autre n'a revendiqué en être l'auteur. Cette cabale relevait autant du sexisme que du racisme antijeune.

Les hommes, on s'en fiche de savoir s'ils ont grossi ou vieilli

Il a toujours été plus difficile pour les femmes de se faire une place, quel que soit le domaine, en particulier en littérature. Je ne suis évidemment pas la première romancière de l'histoire, j'ai eu d'illustres devancières et personne n'a contesté le génie de Colette, de George Sand, de Madame de La Fayette ou de Marguerite Yourcenar. Il leur a toujours fallu prouver plus de choses qu'un homme et subir des attaques minables, en dessous de la ceinture. Beaucoup d'hommes connus m'ont proposé d'adapter *Hygiène de l'assassin* au théâtre. Je m'en réjouissais, mais une fois arrivée dans son bureau, l'homme connu me disait : "Vous comprenez bien que rien de tout cela n'aura lieu s'il n'y a pas quelque chose de plus intime entre nous." De telles propositions n'arrivent pas si souvent aux hommes. Par ailleurs, une femme est toujours plus observée physiquement. Pour ma part, je n'avais pas une apparence très extraordinaire, mais elle a tout de même été scrutée, critiquée. Les hommes, on s'en fiche de savoir s'ils ont grossi ou vieilli, mais les femmes, c'est fou comme on les attend au tournant ! Au lendemain de passages télévisés, je recevais des lettres soulignant que j'avais pris un coup de vieux. Cela ne m'a pas empêchée de dormir, mais quand même : comme tentative d'intimidation, ce n'est pas mal. Vu qu'un romancier doit exister physiquement, j'ai bricolé, je porte des chapeaux. Ce n'était pas très important, plus rigolo qu'autre chose, et pourtant, je n'en reviens pas des commentaires que cela a pu déchaîner. D'ailleurs je me suis mise à porter mon premier chapeau à 30 ans, tout à fait par hasard, en découvrant la boutique de l'illustre chapelier Elvis Pompilio lors d'une promenade dans les rues de Bruxelles. Ce jour-là, quand j'ai mis sur ma tête mon chapeau le plus connu, qui s'appelle un "diabolo", il m'est arrivé une chose incroyable : je me suis regardée dans une glace, et pour la première fois, j'ai pensé : "c'est moi" ! J'avais enfin atteint le stade du miroir. J'ai toujours eu des problèmes avec mon physique banal... mais ce chapeau me donnait l'impression d'être moi, sans que je puisse expliquer pourquoi.

C'est singulier de se retrouver dame pipi

Beaucoup de femmes m'ont dit qu'elles avaient commencé à écrire parce qu'elles avaient lu mes livres. Beaucoup d'autres m'ont également confié s'être reconnues et s'être donné le droit de parler suite à la lecture de *Stupeur et tremblements*, le huitième de mes livres, dans lequel je raconte cette descente aux enfers professionnelle qui m'est réellement arrivée en 1997. Ce roman a permis de libérer la parole de beaucoup de femmes sur leur milieu de travail. Je n'en reviens toujours pas.
Quand j'ai écrit *Stupeur et tremblements*, je n'avais aucun but particulier, si ce n'est celui d'enfin comprendre ce qui m'était arrivé dans cette entreprise japonaise. C'est quand même très singulier d'être engagée comme traductrice (vu que je parlais français, anglais et japonais), de se retrouver dame pipi de la société huit mois plus tard et de terminer sa carrière à nettoyer des chiottes japonaises. Je ne dis pas que ça ne m'a pas apporté grand-chose car ça m'a appris beaucoup de nettoyer des toilettes. Mais j'ai beaucoup souffert. Je ne le recommande à personne, même si j'ai mieux compris ce que signifiait travailler. On méprise les nettoyeurs alors que c'est un métier difficile mentalement et infiniment nécessaire.

> “ Il a toujours été plus difficile pour les femmes de se faire une place, quel que soit le domaine, en particulier en littérature.

L'anorexie n'est pas poétique

Je pense avoir brisé un tabou en donnant un tableau vrai de l'anorexie que j'ai vécue. Cette maladie est très problématique dans notre société. D'abord, c'est fou : on nous montre des mannequins squelettiques qui vous garantissent qu'elles ne sont absolument pas anorexiques. Comme si c'était naturel de peser 40 kg... L'autre attaque insidieuse concernant l'anorexie est de la trouver poétique. C'est tellement joli ces jeunes femmes qui ne mangent rien et sont de purs esprits ! Il n'y a rien de plus dégoûtant. L'anorexie est une maladie sévère, pas poétique pour deux sous, qui s'en prend très gravement à votre corps et très sérieusement à votre esprit. Et je peux vous assurer que je n'ai jamais été aussi loin de la poésie que quand j'étais anorexique parce que j'étais très mal dans mon corps et dans mon âme. Je n'ai jamais aussi peu existé que du temps où je ne mangeais rien. Alors peut-être qu'il a existé quelques saints à qui ça réussissait de ne pas manger. Mais je pense qu'il faut le dire haut et fort : se priver de manger n'apporte rien, ni à votre corps, ni à votre esprit. La période de l'anorexie proprement dite est une monstruosité où vous risquez réellement de mourir. Mais on néglige toujours de parler de la période qui suit, parce que bien évidemment, quand on guérit, ce n'est pas du jour au lendemain. Il faut des années pour s'en remettre, pour retrouver un semblant d'équilibre, réapprendre à manger, à digérer, et à y prendre plaisir. Si je mets bout à bout le temps que j'ai perdu à ne pas manger et celui que j'ai passé dans les troubles alimentaires, ça a duré près de neuf années. J'aurais pu en faire un usage tellement plus intéressant et agréable. Il faut qu'on cesse de faire cette espèce de publicité implicite de l'anorexie. C'est une maladie horrible qui fait des ravages, et dont je m'estime extrêmement heureuse d'être sortie. Beaucoup de gens n'en sortent jamais, restent anorexiques toute leur vie ou meurent. La boulimie est encore pire. Donc, pour toutes ces raisons, j'aimerais dire à tous les jeunes, filles et garçons : n'essayez pas l'anorexie, croyez-moi, il n'y a rien à en tirer. Absolument rien.

J'étais un soldat dégradé

Mon anorexie n'est pas survenue par hasard... Mes parents étaient diplomates en poste au Bangladesh, un pays musulman où les filles ne sont donc pas censées être en maillot.
J'avais 12 ans et demi, je nageais dans la mer, mes parents considérant que j'étais dans mon bon droit en tant qu'enfant et que je pouvais contourner cet interdit. J'étais loin dans la mer quand d'innombrables mains sont venues m'attraper, m'ont entraînée sous l'eau, ont arraché mon maillot et m'ont pénétrée manuellement. Je ne voyais rien de ce qui se passait, j'étais en train de lutter contre la noyade. Je poussais des hurlements mais dans le golfe du Bengale, la montée des vagues fait énormément de bruit. C'est un miracle que ma mère ait fini par m'entendre. Il était trop tard mais elle est arrivée en hurlant. On a vu au loin quatre jeunes gens d'une vingtaine d'années qui s'enfuyaient. Bien sûr, il n'a jamais été question de les attraper. C'était impossible. Ma mère est venue me chercher, m'a prise dans ses bras et mise sur la plage en disant "pauvre petite". Aucune autre parole n'a été dite, mais je la bénis d'avoir prononcé ces mots parce que si elle ne l'avait pas fait, je pense que je serais devenue folle. Grâce à ça, j'ai su que je n'avais pas rêvé, que ce n'était pas un cauchemar, qu'il m'était réellement arrivé quelque chose de terrible. Après ça, c'est la fin des haricots. Vous n'êtes plus jamais la même personne. J'ai commencé à me fissurer. Un an plus tard, j'ai cessé de manger. Je vivais cette agression comme une dégradation, je me sentais comme un soldat à qui on avait enlevé ses galons. J'étais un soldat dégradé.

Je reçois énormément de lettres et cela fait vingt-sept ans que ça dure. Écrites par des hommes et des femmes qui sont d'abord mes lecteurs puis deviennent peu à peu des amis, des confidents qui s'adressent à moi sous le sceau du secret. Évidemment, c'est bouleversant. Pour autant, ça ne me donne pas le pouvoir de les guérir. C'est ce qui est à la fois assez magnifique et très gênant. La seule chose que je peux leur dire, c'est : "Je vous comprends." Je leur dis aussi que je partage leur colère.
C'est beaucoup plus rare, mais il y a aussi des réactions monstrueuses de la part de certains lecteurs. Je me souviens de l'année de *Biographie de la faim*, qui est justement ce livre où je révèle le viol dans un paragraphe. Un homme m'a écrit : "Je suis très déçu de votre livre parce que le passage du viol ne le décrivait pas aussi longuement que je l'aurais voulu." Évidemment, j'ai tout de suite jeté la lettre à la poubelle. Mais comment ce monsieur qui m'envoie des courriers depuis tant d'années peut-il écrire cela ?

Marguerite Yourcenar est la personne qui m'a le plus aidée

Je pense n'avoir jamais été capable de choisir une femme comme modèle puisque je n'avais pas une assez belle vision de moi pour ça. Et pourtant, il existe une femme qui a joué un rôle colossal pour moi, c'est Marguerite Yourcenar. D'abord parce que je l'ai toujours admirée au dernier degré comme écrivain, mais aussi parce que cette femme (qui pourtant n'était même pas féministe) m'a donné une image incroyable de ce qu'une fille pouvait être. Jamais je ne me suis dit : "Je veux être la nouvelle Yourcenar." Non, je ne suis pas mégalomane à ce point ; mais j'ai pensé que c'était possible qu'une femme soit si extraordinaire qu'elle ne doive rien à aucun homme. Elle était indifférente aux quolibets et aux jugements d'autrui. Rien que par son existence, Marguerite Yourcenar est la personne qui m'a le plus aidée au monde.
Je n'avais pas une mais deux mamans : la Belge et la Japonaise, ma nounou japonaise que j'aimais autant que ma mère biologique. Chose admirable, ma maman belge l'a compris et ne m'en a jamais voulu. J'avais le droit d'avoir deux mamans et de les aimer profondément ; ces deux femmes étaient à la

fois magnifiques et très différentes. Ma mère était d'une beauté absolument stupéfiante. Tous les gens l'ayant vue ont toujours dit qu'elle était une reine. Nicholas, ma maman japonaise, était très humble, très courageuse ; d'origine extrêmement modeste, elle se débrouillait toute seule pour vivre. Ces deux femmes, je les ai admirées et aimées également. Je ne peux pas vous dire si l'une m'a plus servi de modèle que l'autre. De même que j'avais le droit de les aimer toutes les deux, elles étaient toutes les deux mes modèles. Cerise sur le gâteau : ma sœur aînée de deux ans et demi, Juliette, qui était une déesse à ma dimension puisque c'était une enfant. Elle m'a toujours dit que j'étais son premier souvenir et elle m'a aimée dès qu'elle m'a vue, et du coup, moi aussi. J'ai été extrêmement privilégiée : grandir avec trois femmes... Malheureusement j'ai perdu ma mère japonaise à l'âge de 5 ans, quand j'ai quitté le pays, ce qui fut le choc fondateur de ma vie.

On a le droit de détester ses parents

Voilà une chose qui n'est absolument pas autobiographique mais que j'ai rencontrée très tôt dans ma vie : le cas de l'enfant qui n'est pas aimé par ses parents. J'avais 10 ans quand j'ai pour la première fois croisé une petite fille rejetée par sa mère. Je me souviens avoir vécu ça comme un scandale. Or, une mère a le droit de ne pas aimer son enfant. La mienne m'a dit un jour : "Tu sais, l'amour n'est jamais obligatoire." J'en ai été absolument mortifiée. Le nombre d'hommes et de femmes qui m'ont raconté l'horreur que représente le fait de ne pas être aimé par un de ses parents ! Une fille qui n'est pas aimée par son père finit par le haïr, jamais elle ne trouvera que c'est juste qu'il ne l'aime pas, ce qui fait naître chez elle un désir de vengeance tout à fait extraordinaire. Et oui, on a le droit de détester ses parents. Aucun amour n'est obligatoire. »

Martine Monteil

Fille et petite-fille de policier, elle a grandi dans les histoires de traques de voyous avant d'être surnommée « le shérif de Saint-Germain » quand elle dirigeait le commissariat du 7e arrondissement de Paris. Martine Monteil détient le titre de première femme à la tête des Stups, de la Mondaine, de la Crim et de la PJ. En 2008, elle devient préfète et secrétaire générale de la zone de défense de Paris. Cinq ans plus tard, à 63 ans, elle met un terme à sa carrière.

Martine Monteil n'est pas du genre à se glorifier de son incroyable CV. Elle garde intacte la passion pour ce métier fait de chair, de sang, de stress, d'angoisse, mais aussi de partage et d'écoute. Face aux proxénètes, dealers, voyous et tueurs en série, cette patronne tire sa fierté d'avoir fait son travail avec rigueur, entourée de ses équipes, sa « famille ».

« J'ai vécu ce métier au travers de mon père, son bonheur de le vivre, de retrouver ses collègues, toujours heureux d'aller travailler. C'était magique de le voir partir la nuit ou le week-end pour traquer des voyous. Cet enthousiasme m'a marquée. Après mes études, j'ai commencé à travailler dans le privé, mais très vite, je me suis dit : "Là où tu vas t'éclater, te révéler peut-être, c'est dans ce métier, celui de ton père." J'ai passé le concours de commissaire. Évidemment, mon père était ravi, et très fier aussi. À l'époque, les femmes étaient rares. Nous étions huit candidates pour près de cent vingt hommes. En année de stage, on me regardait un peu comme une bête curieuse ! Je me souviens des affiches pour les campagnes de recrutement, "la police, un métier d'hommes". Mais ça ne m'a pas découragée. Et après la théorie, j'avais envie de passer à l'action, d'aller sur le terrain.

Dans l'enquête, plus rien ne comptait

Pour ma première affectation, je me suis retrouvée dans un service qui traitait de la moyenne délinquance. Braquages, affaires criminelles, etc., je découvrais l'essence même du métier. Un régal ! J'étais à fond dans chaque enquête, plus rien d'autre ne comptait. Puis, on m'a confié un petit commissariat de quartier dans le 7e arrondissement en se disant qu'il ne s'y passait pas grand-chose. C'est dire combien on avait peur des femmes ! J'ai eu conscience à ce moment-là d'être un cobaye. Six mois seulement après mon affectation, j'ai eu un contrôle de la police des polices. Ça n'avait rien d'un hasard. C'était une manière d'évaluer mon travail, de voir comment je m'en sortais, une sorte d'examen de passage surprise. Ensuite, on m'a nommée à la direction d'un plus gros commissariat, dans le 12e. Toute l'équipe était très proche, très soudée. On a passé de nombreux soirs de Noël ensemble, prêts à partir à tout moment en intervention. Ça nous a beaucoup rapprochés. Au fil des années, j'ai gravi les échelons. Après la brigade des Stups, on m'a confié la direction de la brigade de répression du proxénétisme – "la Mondaine". C'est à cette époque qu'on a réussi à coincer Madame Claude. J'ai souvenir d'une maîtresse femme, habituée à commander. Les interrogatoires ont été difficiles mais j'ai su la recadrer…

Guy Georges, une traque épouvantable

Pour un policier, les affaires de "tueurs en série", c'est évidemment particulier. J'en ai connu trois dans ma carrière. Guy Georges, ce fut une traque épouvantable, de 1991 à 1998. Le plus dur, alors qu'il nous échappait, était d'arriver sur la scène de crime, de savoir immédiatement que c'était lui, de se regarder entre collègues et de penser : "Si cette jeune femme est morte, c'est parce qu'on ne l'a pas arrêté." On culpabilise et en même temps on se demande ce qui manque à l'enquête pour aboutir. À l'époque, les cellules psychologiques n'existaient pas. Je me chargeais des familles, à l'écoute de leurs souffrances, leurs douleurs, leurs doutes aussi. Mais c'était très dur, surtout à chaque nouvelle victime. Les fichiers d'empreintes génétiques n'existaient pas, c'était extrêmement frustrant. Or, sur les scènes de crime, nous avions tout : du sang, du sperme, de la salive... Les laboratoires qui examinaient l'ADN ont mis des mois à pouvoir croiser les informations. On aurait pu éviter quatre victimes si le fichier avait existé alors. Et puis, à force de persévérance, on a enfin pu l'identifier et lancer des avis de recherche. Tous les commissariats avaient sa photo. Je me souviens du coup de fil m'annonçant que deux policiers, en planque sur une autre affaire, l'avaient reconnu et appréhendé sur un quai de métro. Ce fut un moment de soulagement que vous n'imaginez pas. On a aussitôt appelé les familles, les larmes aux yeux, pour leur dire qu'il avait été arrêté. Ça ne leur a pas rendu leurs filles, mais ils étaient satisfaits de savoir qu'il ne tuerait plus.

Faire mieux que les hommes pour être pleinement reconnue

Sur le plan personnel, ce métier demande beaucoup d'organisation. Quand un enfant arrive, il faut le préserver, créer une bulle. On n'a pas un métier où on peut être à la sortie de la crèche. Il se passe toujours quelque chose et le travail est prioritaire. Surtout en tant que cheffe de service, je ne me voyais pas dire à mes gars : "Débrouillez-vous, vous me ferez un résumé par téléphone." Ils comptent sur vous, il faut être derrière eux, avec eux. Le 3 décembre 1996, lors de l'attentat du métro Port-Royal, on était en pleine affaire Guy Georges. J'ai aussitôt demandé à ce qu'on rappelle les quelques personnes qui avaient pris des congés car tout le monde devait être présent. Mais je n'en ai pas eu besoin. Ils sont tous revenus aussitôt. Impossible pour eux de rester sur une plage...
La place des femmes est devenue une évidence aujourd'hui. Dans les postes de direction, nous avons été plusieurs à occuper des responsabilités. C'est vrai qu'il fallait être à la hauteur, faire mieux que les hommes pour être pleinement reconnue. À la deuxième génération de directrices, les choses étaient réglées. Les hommes avaient compris qu'on était bosseuses, sérieuses, qu'on obtenait des résultats, dans une bonne ambiance. Du coup, les collègues arrivées ensuite se sont senties à leur place, parce que nous avions essuyé les plâtres. En outre, on ne peut pas le nier, c'est un métier qui demande une totale disponibilité et certaines femmes ne veulent pas sacrifier leur vie de famille. C'est un choix. J'ai la faiblesse de croire que j'ai représenté un modèle pour certaines. Plusieurs m'ont dit, quel que soit leur grade : "Vous avez réussi, pourquoi pas nous ?" Ça me fait plaisir. Je suis fière d'avoir réussi ce parcours sans favoritisme ni calcul. J'ai entendu certains attribuer ma nomination au fait que j'étais jeune et mignonne à l'époque, qu'on me mettait là comme une vitrine. C'est tout le contraire ! On ne m'a pas fait de cadeau, je n'ai pas été épargnée. J'ai exercé ce métier parce que je l'aimais. »

“

On ne peut pas le nier, c'est un métier qui demande une totale disponibilité et certaines femmes ne veulent pas sacrifier leur vie de famille.

Martine Monteil

Ségolène Royal

Adhérente au PS dès 1978 à l'âge de 25 ans, députée, plusieurs fois ministre et présidente de région, Ségolène Royal est en 2007 la première femme française à accéder au second tour de l'élection présidentielle. Auteure d'une quinzaine d'ouvrages, elle s'est attelée à des chantiers majeurs comme le droit de la famille ou la transition énergétique. Elle est très impliquée dans la lutte pour le droit des femmes.

« Le meeting de Charléty, quel moment extraordinaire ! Jamais une élection présidentielle n'avait rassemblé une telle foule. Cinquante mille personnes issues de tous les milieux : la France dans toute sa diversité. Contrairement à ce que disaient mes détracteurs, je n'étais pas en état de lévitation ! J'ai puisé dans ce bonheur, et j'ai improvisé un discours.

Je me souviens surtout du contraste entre les bouderies des éléphants du PS et la générosité de tous ces gens. Aujourd'hui encore, cette campagne reste singulière. Elle a profondément marqué les femmes. Nombre d'entre elles me disent : "Merci pour 2007, merci de nous avoir ouvert la voie." Même celles qui n'ont pas voté pour moi disent le regretter, n'avoir pas compris, à l'époque. Sur la démocratie participative – dénigrée, moquée, insultée, je me suis même fait traiter de "Bécassine" –, j'avais raison ! Les gens se rendent compte que j'avais non seulement anticipé les choses mais senti, il y a dix ans, l'état de la société et la nécessité de renouveler la démocratie.

Les hommes sentent que les femmes vont être meilleures qu'eux

La place des femmes – au niveau européen, national, dans les entreprises ou les institutions – reste insuffisante. Si le monde va si mal, il est évident que c'est parce que les femmes sont écartées des processus de décision. Tant qu'elles seront perçues comme des intruses, les hommes continueront à leur bloquer l'accès aux cercles du pouvoir, à former une coalition pour les empêcher d'accéder aux responsabilités. Pourquoi ? Selon moi, ils sentent que les femmes vont être meilleures qu'eux dans l'exercice des responsabilités. Ils sont déjà en compétition entre eux ! Pour les dissuader, ils ont recours au bizutage, à l'intimidation. Ça a été le cas dans les études supérieures – et j'ai fait voter une loi pour le sanctionner –, et bien sûr en politique. Lorsqu'un député crie : "À poil !" à une parlementaire, c'est une forme de bizutage. Aujourd'hui, ce ne serait plus possible.

Dans mon camp, pas un seul n'a bougé pour me défendre

Avec le recul, je m'interroge. Pourquoi n'ai-je pas réagi plus fermement face à toutes ces agressions ? "Stop, ça suffit, vous allez me respecter, ou ça va mal aller." Je n'ai jamais exprimé cela pendant la campagne de 2007. J'aurais pu aller à la télévision, dire à ceux de mon parti qui ne me soutenaient pas de faire leurs valises et de partir. J'aurais prononcé une phrase de ce genre et ils seraient rentrés dans le rang. Je ne l'ai pas fait. Pourquoi n'ai je pas parlé ? C'est très étrange. Inconsciemment, sans doute, on se culpabilise de revendiquer l'égalité. Des millénaires d'infériorité, d'assujettissement nous poussent à réagir ainsi : s'en prendre plein la figure, c'est simplement la contrepartie de cette revendication d'égalité. Tout cela veut dire que, nous, les femmes, n'avons pas totalement intégré les fondamentaux de l'égalité. Il faut nous en affranchir et se faire aider par les hommes qui ont le sens de l'humanité. J'aurais aimé, à l'époque, que ceux de mon propre camp prennent ma défense publiquement. Pas un seul n'a bougé. C'est inadmissible. Une femme qui aurait proféré des insultes sur un candidat aurait été virée aussitôt du Parti socialiste. J'ai également souffert d'un manque de solidarité féminine à l'intérieur du parti. Aujourd'hui, ce serait impensable qu'une femme se désolidarise d'une autre.

Si ma parole compte, c'est d'abord parce qu'elle est authentique

Ce dont je suis le plus fière, c'est d'avoir pu concilier l'action publique, initier des réformes et des chantiers majeurs – les réformes du droit de la famille, la transition énergétique, la biodiversité, la COP 21... – tout en éduquant mes quatre enfants. C'est quand même ma plus grande satisfaction, car c'est ce qu'il y a de plus important. Si ma parole compte, c'est d'abord parce qu'elle est authentique. J'ai creusé mon sillon sans en dévier, sur l'environnement, ou sur le droit des femmes. Les gens perçoivent ma sincérité, et le fait que je tienne mes engagements. »

« Inconsciemment, sans doute, on se culpabilise de revendiquer l'égalité. Des millénaires d'infériorité, d'assujettissement nous poussent à réagir ainsi : s'en prendre plein la figure, c'est simplement la contrepartie de cette revendication d'égalité.

Ségolène Royal

Anne-Cécile Mailfert

Diplômée de l'Institut d'études politiques de Lille, Anne-Cécile Mailfert a depuis longtemps les femmes dans la peau. Cette militante féministe de 35 ans est la présidente de la Fondation des Femmes créée en 2016 dans le but de lever des fonds pour aider à financer des actions (lutte contre les violences faites aux femmes, le sexisme, les inégalités salariales...)

Jeune militante, mère d'un petit garçon, Anne-Cécile Mailfert aurait pu poursuivre tranquillement sa carrière professionnelle. Mais elle a choisi de dédier sa vie à la cause des femmes. Son engagement est total, une évidence, comme un prolongement d'elle-même.

La cause des femmes me touche depuis toujours

« En décembre dernier, nous avons organisé dans l'enceinte du Grand Palais la Nuit des Relais contre les violences faites aux femmes. Plus de quatre mille personnes – dont beaucoup d'hommes – sont venues courir, montrer leur engagement et leur intérêt. Nous avons levé 220 000 euros, entièrement redistribués aux associations qui aident les femmes victimes de violences à se reconstruire. Pour moi, c'était un moment particulièrement fort. L'année 2018 a été intense, avec les suites de l'affaire Weinstein. La cause des femmes me touche depuis toujours. Quand j'étais enfant, j'avais déjà un caractère bien affirmé, je ne me laissais pas faire facilement, ni par les filles, ni par les garçons. Surtout, je n'ai jamais supporté les injustices. J'ai un peu le terreau de la féministe de base. Puis, à l'adolescence, j'ai connu, comme beaucoup de jeunes filles, le harcèlement de rue, j'ai souffert de diverses discriminations, j'ai vécu des périodes particulièrement difficiles dans ma vie de femme. Je n'ai pas envie d'en parler mais ces choses ne me seraient sans doute pas arrivées si j'avais été un garçon. Mon caractère mêlé à mon expérience ont fait que la cause des femmes est devenue une évidence. Jusque-là, je travaillais dans l'économie sociale et solidaire. Je passais mes soirées et mes week-ends à militer, à accompagner les femmes victimes de violences. Et à un moment, je me suis dit qu'il fallait que je trouve un meilleur équilibre. Ce qui me donnait envie de me lever le matin et de me coucher tard le soir, c'était la cause des femmes. Donc, autant être cohérente et y consacrer mes journées, à temps plein. C'est ainsi qu'est née la Fondation des Femmes, il y a trois ans.

Si de nombreuses associations viennent en aide aux victimes de violences, aux femmes qui souffrent de discriminations, ces structures sont souvent de petite taille, peu uniformes sur tout le territoire. Surtout, elles manquent de moyens financiers pour répondre aux besoins. J'ai pu le constater lorsque j'étais moi-même bénévole. Les associations se débattent avec trois bouts de ficelle et sont limitées dans leurs actions. Il faut de l'argent pour entamer des procédures judiciaires, pour proposer un suivi psychologique aux victimes, etc. C'est vraiment là où le bât blesse. D'un côté, les besoins des victimes et les efforts déployés par les associations sont énormes ; de l'autre, les budgets sont minimes ou inexistants. Il n'existait pas, jusque-là, de fondation qui puisse collecter de l'argent auprès du grand public et des entreprises pour aider financièrement ces associations. Tout dépend des besoins et des priorités. Il est vrai qu'au moment de l'affaire Weinstein, nous avons surtout travaillé avec les associations investies dans les violences sexistes et sexuelles.

Les adolescents d'aujourd'hui sont plus féministes que nous

Je suis d'un naturel optimiste. J'ai l'impression que les choses s'améliorent, surtout dans les mentalités. Les adolescents d'aujourd'hui, sur les réseaux sociaux notamment, sont beaucoup plus conscients des inégalités, les dénoncent et les refusent. On les sent déjà plus féministes que nous, et ça me donne de l'espoir pour la suite. Mon fils est encore tout petit – à peine plus d'un an – mais je lui achète autre chose que des petites voitures et sa chambre n'est pas toute bleue !

C'est une préoccupation majeure : comment élever un enfant pour que la société de demain soit plus juste, plus égalitaire ? Les parents de garçons ont une énorme responsabilité. Il faut leur inculquer le respect, le partage, les notions d'égalité vis-à-vis des filles. J'espère que je vais bien remplir mon job de maman ! Mais le chemin est encore long. Au rythme actuel, il faudra deux cents ans pour atteindre l'égalité salariale. Quant aux chiffres des violences, des féminicides, ils restent toujours aussi élevés. C'est mon combat. Je veux voir ces statistiques diminuer sensiblement au cours de ma vie. Lorsque j'étais bénévole, je me souviens avoir accueilli au local une Nigériane de 18 ans qui était parvenue à échapper à ses proxénètes. Aujourd'hui cuisinière, elle est mère de deux enfants et va bientôt obtenir la nationalité française. C'est une véritable héroïne, tout à la fois victime et *super warrior*. C'est pour ce genre de femmes qu'il faut continuer à se battre car on peut sauver des vies. Au final, c'est ce qu'il faut se dire. Parmi les femmes inspirantes, je pense bien évidemment à Simone Veil, son intelligence, sa générosité, sa combativité. Je pense aussi aux militantes du Mouvement de libération des femmes (MLF) dans les années 1970 qui ont ouvert la voie à de nouveaux droits, ont mis en lumière les inégalités. Et bien sûr, à toutes les bénévoles qui s'investissent sans compter pour venir en aide à des femmes meurtries, en souffrance. Grâce à nos aînées, l'arsenal réglementaire et juridique s'est largement étoffé. Sur le papier, toutes les lois existent. Mais il y manque les moyens pour les appliquer, les rendre concrètes. Il manque aussi une volonté politique. Le budget que consacre l'État aux violences et aux inégalités est absolument ridicule. Et puis, avec les nouvelles technologies, de nouvelles formes de violences émergent, touchant surtout les plus jeunes. Le cyberharcèlement, le *revenge porn* conduisent à des drames, des suicides. J'ai aussi l'impression qu'on fait trois pas en avant, puis deux pas en arrière. C'est le cas pour le droit à l'avortement, dont les opposants, de plus en plus nombreux, font entendre leur voix. Parfois, je me dis que tout est un éternel recommencement. J'aimerais pouvoir penser que tel combat est gagné et passer à autre chose. Mais, comme le disait Simone de Beauvoir, il faut rester vigilante "toute votre vie durant", parce qu'il suffira d'une crise économique ou politique pour que les droits des femmes soient retoqués. Raison de plus pour ne jamais lâcher, jamais ! »

“

Grâce à nos aînées, l'arsenal réglementaire et juridique s'est largement étoffé. Sur le papier, toutes les lois existent. Mais il y manque les moyens pour les appliquer, les rendre concrètes.

Anne-Cécile Mailfert

Josiane Balasko

Comédienne, actrice, scénariste, réalisatrice, metteuse en scène, dialoguiste, romancière, costumière : le CV de Josiane Balasko est impressionnant ! Membre de la troupe du Splendid, elle est l'une des actrices les plus populaires de sa génération et figure régulièrement dans les films comptant plus d'un million de spectateurs au box-office. Parmi eux : *Les Bronzés, Papy fait de la résistance, Gazon maudit*... Sa carrière a été récompensée par deux César. Elle incarne aussi bien une bonne copine qu'une mégère alcoolique, une lesbienne, une dépravée, ou encore une sexagénaire épanouie...

« On a souvent dit que j'ai joué des rôles d'anti-sex-symbol ou de bonne copine. Sans doute parce que j'ai un physique qui ne correspond pas aux normes.

J'ai dénoncé plusieurs tabous

Je n'étais pas la jeune première romantique et diaphane qui fait bander les metteurs en scène. Depuis, des actrices au physique particulier, pas forcément sexy, se sont fait une place, comme Sylvie Testud ou ma fille Marilou *[N.D.É. : Berry]*. J'ai toujours adoré changer de tête. J'ai commencé à me travestir au Splendid, on se déguisait tous comme des enfants. En France, les acteurs préfèrent garder leur aspect plutôt que de se transformer comme le font les Anglo-Saxons. Pour devenir la concierge au physique barbare du film *Le Hérisson*, je me rasais les sourcils tous les matins, avant qu'on ne m'en colle des faux et qu'on me mette une perruque ébouriffée qui me donnait un air rébarbatif.
Je me suis attaquée à plusieurs tabous en tant que réalisatrice. Un de mes premiers films, en 1987, s'appelait *Les Keufs*, c'était une histoire d'amour entre une inspectrice de police raciste et un flic black. À l'époque, on n'avait pas encore fait ce genre de films dans le cinéma français. *Idem* pour *Gazon maudit*, huit ans plus tard. Je ne trouvais pas logique qu'en 1995 on ne parle pas de l'homosexualité féminine, que les lesbiennes souffrent d'invisibilité, alors qu'il existait des films sur l'homosexualité masculine. J'avais bien conscience d'avoir une grenade dégoupillée entre les mains. Dieu merci, les producteurs ne s'en sont pas rendu compte ! Sinon ils ne m'auraient jamais laissée faire le film. Claude Berri, que j'adorais, pensait que ce serait une comédie comme une autre. Vingt ans après, quand je passais en tournée dans certaines villes, des filles m'attendaient à la sortie du théâtre pour me dire que ce film avait changé leur vie, en leur permettant de parler de leur homosexualité. Pour créer mon personnage qui aime les femmes, je suis allée dans les concerts lesbiens. C'est là que j'ai rencontré celle qui allait devenir Marie-Jo, avec ses cheveux courts grisonnants et la chaîne qui relie son portefeuille à son jean.

Quelques années plus tard, j'ai voulu m'attaquer à un autre tabou, celui de l'amour tarifé. Je trouvais qu'on ne parlait pas assez de la prostitution masculine, de ces jeunes escorts mâles que s'offrent certaines femmes pour s'amuser ou meubler leur solitude. Alors j'ai écrit le scénario. Mais les producteurs l'ont trouvé épouvantable et ont fait un rejet total : "Rendez-vous compte, une femme qui met du fric sur la table de nuit, ce n'est pas possible !" Des femmes dans le milieu du cinéma ont aussi eu des attitudes très hostiles. Grâce à ces réactions viscérales, j'ai compris que le sujet était fort et dérangeant du point de vue de la morale. Je ne me suis donc pas laissé couper les ailes. J'ai écrit un roman, publié chez Fayard, qui s'est vendu à 100 000 exemplaires. Du coup, cinq ans plus tard, j'ai fait le film *Cliente*, avec Nathalie Baye, qui a bien fonctionné. J'ai aussi réalisé *Demi-Sœur* en 2013, avec Michel Blanc, film qui abordait le sujet du handicap mental. Aujourd'hui, à 69 ans, je n'ai plus envie de passer trois ans à faire un film. Je préfère exercer mon premier métier, puisque j'ai la chance d'être de plus en plus demandée comme actrice.

Les femmes n'ont pas encore appris à se défendre

C'est ma mère qui m'a donné confiance en moi. J'ai eu une enfance assez libre, sans règles vraiment établies car mes parents tenaient un bistrot. Je n'étais pas obligée de manger à heures fixes et je jouais dans la rue. J'avais 14 ans quand mon père est mort. J'ai alors vécu chez ma grand-mère, une personne formidable. J'ai été élevée par des femmes qui s'engueulaient

souvent ! J'avais 20 ans au lendemain de Mai 68. J'ai connu la contre-culture, la libéralisation des mœurs, les drogues, les pétards qui circulaient. Il y a eu durant six ans une grande liberté sexuelle : on avait la pilule sans le sida. À l'époque, faire l'amour avec un garçon, c'était une manière d'entrer en contact avec lui sans que cela implique forcément de sentiments. Aujourd'hui, les jeunes apprennent la sexualité en regardant des films pornos, et c'est déplorable. Il y a de moins en moins de respect et de plus en plus de brutalité envers les femmes.

Autrefois, on mettait une fille en maillot de bain pour vendre n'importe quoi. Le corps des femmes est sans doute moins exploité aujourd'hui qu'hier dans la pub comme au cinéma. Mais concernant les violences faites aux femmes, rien n'a changé même si on en parle plus. J'ai travaillé avec Harvey Weinstein pour *Gazon maudit* : c'est lui qui l'a sorti aux États-Unis. Je n'ai jamais eu de problème avec lui, sans doute parce que je ne correspondais pas à ses fantasmes, mais il terrorisait tout le monde à son bureau. C'était un dictateur qui faisait vivre les gens dans un stress permanent. Tout le monde était au courant de ce qu'il faisait, ça n'a pas été une découverte. L'affaire a simplement éclaté au moment où il avait moins de puissance : d'un seul coup, c'était le bon moment pour balancer. Ce qui m'indigne le plus aujourd'hui, ce sont toutes ces femmes tuées par leur mari ou leur compagnon. Depuis le début de l'année 2019, cela arrive tous les deux jours et on appelle ça un "drame" alors que c'est un assassinat, un féminicide. Les femmes n'ont pas encore appris à se défendre. Il faut indiquer très tôt aux petites filles le point faible chez l'homme, c'est-à-dire les couilles, et leur dire d'y donner un coup de pied pour se défendre. Même si c'est très difficile, il faudrait arriver à ne plus avoir peur ni honte d'être agressée. »

“

Le corps des femmes est sans doute moins exploité aujourd'hui qu'hier dans la pub comme au cinéma. Mais concernant les violences faites aux femmes, rien n'a changé même si on en parle plus.

Josiane Balasko

Nicole Notat

Elle a grandi entre l'école républicaine et le syndicalisme, et se destinait à une carrière d'institutrice pour enfants en difficulté. Nicole Notat sera finalement la première femme à diriger une confédération syndicale en France. De 1992 à 2002, elle occupe le poste de secrétaire générale de la CFDT. La prise de position du syndicat durant les grandes grèves de 1995 lui vaut un torrent d'insultes sexistes. En 2002, elle crée Vigeo-Eiris, agence de notation sociale et environnementale des entreprises.

« J'ai accédé à la fonction de secrétaire générale de la CFDT dans des conditions un peu particulières, de mini-crise interne. Médiatiquement non plus, ce ne fut pas très facile. Je me souviens d'une interview sur Europe 1, où une journaliste qui m'interrogeait avec Jean-Pierre Elkabbach a lancé : "Mais enfin, Nicole Notat, qu'est-ce qui arrive à la CFDT pour qu'elle porte une femme à sa tête ?" Tout était dit !

Déjà, déléguée de classe, je voulais servir des causes collectives

J'ai toujours été militante et engagée, mais je n'avais ni prévu ni envisagé, un jour, de devenir secrétaire générale. Ma seule certitude fut celle exprimée dès mes 5 ans – aux dires de mes proches – : je voulais devenir institutrice ! Ce choix s'est imposé à moi. J'ai d'abord exercé dans le secteur que l'on qualifiait d'enfance inadaptée, des jeunes en échec dans les filières traditionnelles, orientés vers des parcours adaptés.
Sans doute étais-je plus attirée par ces enfants en difficulté que par les autres.
Mon intérêt pour le syndicalisme remonte à Mai 68. À l'époque, j'étais élève à l'École normale de Bar-le-Duc : autant dire que ce n'est pas le Quartier latin, on n'y faisait pas la révolution ! Mais il y avait quand même des manifestations, des réunions. Je me souviens des paroles d'Edmond Maire, secrétaire général de la CFDT. Ses mots m'avaient touchée. Il parlait de capacité des gens à s'émanciper, d'intervenir sur les choix de leur vie. Et de fil en aiguille, j'ai rencontré des responsables de la CFDT de la Meuse. Très vite, j'ai été happée par les responsabilités, d'abord dans le département, puis en région Lorraine et ensuite au niveau national.
Le militantisme, les combats que j'ai souhaité mener pour les salariés, les évolutions des conditions de travail dans la société, sont autant de motivations qui font partie de moi, depuis toujours. Déjà, déléguée de classe, je voulais servir des causes collectives, ne pas suivre uniquement mon chemin individuel. Encore aujourd'hui, au sein de Vigeo-Eiris, ce sentiment d'utilité, le fait de se mettre au service d'intérêts communs, reste un moteur.

Il fallait faire la démonstration que vous n'étiez pas un alibi

S'agissant de la place des femmes dans le syndicalisme, il faut souligner que la CFDT fut le premier syndicat à mettre en place des quotas de femmes dans les hautes instances. Dans les années 1980, c'était très précurseur, et d'ailleurs très contesté. Ce questionnement sur la discrimination dite positive reste encore d'actualité. Les femmes elles-mêmes n'aiment pas arriver à des responsabilités, portées par des mesures qui leur sont spécifiques. Mais à l'époque, ne pas définir de quotas, c'était s'assurer que jamais les femmes n'accéderaient à des postes importants. Il faut bien se donner les moyens de combattre cette inégalité, et c'est ce que permettent les quotas. Pour ma part, j'ai bénéficié d'une chance inouïe puisque je suis entrée à la commission exécutive de la CFDT en remplacement de Jeannette Laot, qui venait d'être nommée conseillère sociale auprès de François Mitterrand. Il fallait donc une femme, place pour place. Et c'est dans la foulée qu'ont été décidées les mesures de quotas pour une plus grande mixité. J'ai eu des conditions d'accueil, de soutien, que beaucoup de femmes n'ont pas en arrivant, seules, dans un monde d'hommes. Je pense que les femmes s'interrogent toujours sur le fait de savoir si elles sont en situation de pouvoir assumer des responsabilités. Je l'ai senti tout de suite. Il fallait faire la démonstration que vous n'étiez pas un alibi, que vous teniez votre place, que vous travailliez vos dossiers. Mais je dois dire que j'ai très vite trouvé ma place et je n'ai pas eu à souffrir, en interne, du fait d'être une femme. Certes, c'était différent dans la rue. Durant les grandes grèves de 1995, la position collective de la CFDT sur la réforme de la santé était alignée à 80 % sur celle du gouvernement, alors même que les autres syndicats s'y opposaient. C'est là que sont apparus des slogans sexistes et machistes *[N.D.É. : "Juppé au placard, Notat au plumard"]*. C'était très symptomatique de ce que doit affronter une femme en responsabilité, face à l'adversité publique. À ma place, un homme n'aurait jamais subi autant d'attaques. Je ne peux pas dire que je l'avais anticipé, mais j'ai pu compter sur un soutien sans faille en interne. Je ne me suis pas sentie seule contre tous. Un jour, l'avocate Gisèle Halimi m'a demandé pourquoi je n'avais jamais porté plainte. En fait, ce qui m'importait, c'était de savoir si ces attaques devenaient un handicap ou un obstacle, empêchant l'organisation d'avancer. Même si rien n'est encore complètement acquis, je pense que ce que j'ai vécu ne pourrait pas se reproduire aujourd'hui dans les mêmes conditions.

L'arsenal législatif est d'ailleurs très complet sur la question des droits des femmes. La loi n'est pas en cause, c'est plutôt son application qui pose problème. Il y a matière à progresser sur le champ de l'égalité dans les entreprises.

Durant toutes ces années, j'ai beaucoup appris, notamment sur le fait qu'il fallait savoir écouter les autres, tels ceux qui me disaient, en 1982, lorsque j'ai eu l'opportunité d'entrer à la commission exécutive : "Vas-y, lève tes doutes." Franchement, si je n'avais pas eu ces quelques personnes autour de moi, je pense que je n'aurais pas sauté le pas. »

“

L'arsenal législatif est très complet sur la question des droits des femmes. La loi n'est pas en cause, c'est plutôt son application qui pose problème. Il y a matière à progresser sur le champ de l'égalité dans les entreprises.

Nicole Notat

Delphine Ernotte

Sortie de l'École centrale Paris en 1989 à 23 ans, Delphine Ernotte intègre immédiatement France Télécom (futur Orange) comme analyste financière. Elle en devient la directrice générale en 2011. En 2015, le Conseil supérieur de l'audiovisuel la nomme présidente de France Télévisions. Elle est la première femme à occuper ce poste. Ouvertement féministe, elle est très engagée pour l'égalité des sexes. Parmi ses actions : la mise en place du réseau Innov'Elles afin de contribuer à la promotion des femmes au sein d'Orange, ou encore une charte pour lutter contre les agissements sexistes chez France Télévisions.

Victime d'un procès en illégitimité dès son arrivée à France Télévisions, elle y trace sa route et bouscule les codes. Cash dans ses choix, comme dans sa façon de s'exprimer.

C'est comme le chiffon rouge des taureaux, ce qui paraît inaccessible m'attire !

« J'ai un souvenir très fort, très émouvant, de mon premier Téléthon en décembre 2015. C'est un événement très important pour France Télévisions, dont nous sommes partenaires depuis très longtemps. Il repose sur le grand professionnalisme de toutes les équipes, tout doit être parfaitement huilé, et sur le vrai engagement de chacun, aussi bien les animateurs que les maquilleurs, les techniciens. Je me souviens d'avoir rencontré une petite Marie, une jeune fille en fauteuil atteinte d'une maladie rare qui, malgré les difficultés, voulait être journaliste. Quelle leçon d'humanité ! Ce sont de beaux moments.

Je suis arrivée à France Télévisions après vingt-cinq ans passés chez France Télécom, devenu Orange. Cette expérience professionnelle m'a donné confiance en moi. Je crois que j'ai vraiment progressé dans l'entreprise pas à pas. J'ai appris ce que c'était que d'être manager, d'encadrer des équipes, de faire face aussi à une forme d'adversité très forte sur les plans économique et humain. J'y ai rencontré des gens qui m'ont aidée et qui m'ont donné confiance en moi, ce que je n'avais pas au départ. Il y a une très grande porosité entre Orange et France Télévisions : j'avais vécu la révolution numérique et connaissais l'importance que ça représenterait pour les médias. Il est vrai que je n'étais pas issue du sérail médiatique, mais j'en comprenais déjà les enjeux lorsque j'étais chez Orange.

Ce sont deux domaines très connexes. D'ailleurs, aujourd'hui, ma connaissance du numérique et de cet environnement-là m'est très utile.

Pourquoi ai-je postulé ? Tout simplement parce que j'en avais vraiment envie. Ce n'est pas un choix de carrière très intelligent ! Je me souviens très bien d'un coup de fil de Thierry Breton *[N.D.É. : P.-D.G. de France Télécom puis ancien ministre de l'Économie]* qui m'a vraiment donné confiance en moi, chez Orange, en me disant : "Mais qu'est-ce que vous allez faire là-dedans ? Vous allez ensuite vous retrouver dans la rue avec votre valise et puis plus personne ne vous adressera la parole." Je lui ai répondu : "Je sais mais ça m'est égal, j'en ai envie." L'argument l'a convaincu ! J'étais très attirée par le milieu de la création, sentir les évolutions de la société… et puis c'était "mission impossible". C'est comme le chiffon rouge des taureaux, ce qui paraît inaccessible m'attire ! C'est paradoxal, mais c'est comme ça. J'ai dû faire face à une vraie hostilité. Lorsqu'on postule à ce genre de poste, c'est une forme de concours. Les autres candidats ne se sont pas gênés pour me dézinguer, tous les moyens étaient bons. Ce fut un démarrage en fanfare ! D'autant plus que, ne venant pas du milieu de la télévision, je n'étais pas à ma place aux yeux de certains. J'ai eu un procès en illégitimité immédiat. Je ne m'attendais pas à un tel déferlement de mauvaise foi, de fausses informations colportées.

Quand j'ai parlé de Netflix, on m'a prise pour une idiote

J'aime le pouvoir parce que j'aime être celle qui décide, je n'apprécie pas qu'on le fasse à ma place. J'adore ce moment où il faut prendre des décisions. Bien sûr, le doute est nécessaire et j'écoute toujours mon entourage, les avis contradictoires, même si au final, c'est moi qui tranche. En l'espèce, la plus grande difficulté commune à beaucoup d'entreprises est de prendre la mesure des changements, de la transformation numérique, et d'en tirer les bonnes conclusions pour sa propre mutation. Ainsi, quand je suis arrivée, j'ai expliqué que Netflix était notre

> « La question de la parité n'est pas le monopole des femmes mais le fait de nommer une femme change la représentation.

concurrent et non les autres chaînes de télévision. On m'a prise pour une idiote... Depuis, nous avons tissé des liens avec TF1 et M6 avec le projet Salto *[N.D.É. : future plateforme de télévision par le Web]*. De même, nous avons uni nos forces avec Radio France pour lancer francetvinfo.fr dont tout le monde se félicite maintenant.
Le procès en illégitimité est souvent fait aux femmes. Le mien a duré des mois. Quand Gilles Pélisson, un an plus tard, est arrivé à la tête de TF1, personne n'a trouvé à redire, alors qu'il était patron de Bouygues Telecom. Les femmes doivent toujours en faire davantage, prouver qu'elles sont à leur place. Lorsque j'ai parlé – ce qui m'a beaucoup été reproché – d'une télévision constituée "surtout d'hommes blancs de plus de 50 ans", ce n'était pas une formule toute prête. C'était un cri du cœur. Je m'attendais à une maison plus égalitaire que ce que j'ai trouvé en réalité. J'ai également constaté un machisme ambiant, finalement plus fort que celui que j'avais pu vivre chez Orange. En quelques années, nous sommes parvenus à augmenter le nombre d'expertes invitées en plateau, de journalistes à la présentation des journaux notamment, pour atteindre aujourd'hui 41 % de femmes, contre 25 %. Mais sans mon implication personnelle sur ce sujet, on aurait beaucoup moins progressé. Bien sûr, la question de la parité n'est pas le monopole des femmes mais le fait de nommer une femme change la représentation. C'est une source de motivation pour toutes les femmes de l'entreprise, ça leur assure une écoute bienveillante. C'est en tout cas ma façon de procéder lorsque j'ai, face à moi, une femme qui me fait part d'une difficulté. Notre comité exécutif est paritaire, il n'y a pas de blagues sexistes. L'humour et les plaisanteries sont bien sûr toujours de mise, mais ça oblige chacun à faire attention aux propos tenus. Nous avons récemment signé une charte, comme divers médias, pour lutter contre le harcèlement sexuel et les agissements sexistes. On a mis en place des dispositifs pour permettre aux femmes de s'exprimer en toute confidentialité dans un réseau sécurisé. Sur la question de la parité, cela veut simplement dire qu'elles ont autant de chances que les hommes, ni plus ni moins.
Et promouvoir la mixité sur les plateaux, c'est forcément réduire les propos agressifs, sexistes et misogynes ; l'attitude des uns et des autres change dans un univers mixte. Quant à la diversité, je pense que nous avons encore beaucoup de progrès à faire sur nos antennes. C'est une demande forte des téléspectateurs, que nous avons interrogés dans une grande enquête sur leurs attentes. La télévision publique n'est pas encore à l'image de la société.

La mise en scène, c'est un peu comme diriger une entreprise

Ma famille est bien évidemment très importante pour moi. Je garde du temps pour mon mari et mes enfants, ils font pleinement partie de mon équilibre. Sans leur soutien, leur écoute, j'aurais sans doute plus de mal à affronter les "rigueurs professionnelles", appelons-les comme ça ! Pour me vider la tête, je fais régulièrement de la natation, excellente pour le corps et l'esprit. Et puis j'ai une nouvelle passion pour les arts plastiques, spécifiquement pour la céramique. Je faisais de la sculpture quand j'étais plus jeune, j'adorais ça ! C'est comme un yoga du cerveau, ça me fait un bien fou. Je suis également férue de théâtre, une passion que je partage avec mon mari qui écrit des textes. J'avais participé à la fin de l'écriture d'une pièce et à sa mise en scène. J'avais beaucoup aimé ! D'ailleurs, la mise en scène, c'est un peu comme diriger une entreprise : on est entouré d'une équipe, il faut savoir sentir la justesse de l'interprétation, savoir prendre la bonne décision dans une réunion comme lors d'une répétition.
Souvent, on me demande mes prévisions de carrière, mais je n'en ai pas ! Je n'en ai jamais eu, je n'aime pas prévoir. Je suis très calée dans le présent et en même temps je me projette dans l'avenir lointain, celui de France Télévisions dans dix ans. Et je sais bien qu'en tant que patron d'entreprise publique, on peut se faire renvoyer du jour au lendemain. Il ne faut pas se préoccuper de l'année d'après, mais de ce qui se passe maintenant pour dans dix ans. Et bien sûr, rester humble. C'est très important pour moi de bien faire la distinction entre la fonction que j'occupe et la personne que je suis. »

Delphine Ernotte

Latifa Ibn Ziaten

En 2012, après l'assassinat de son fils Imad, premier militaire tué à Toulouse par Mohamed Merah, Latifa Ibn Ziaten crée l'association IMAD pour la Jeunesse et la Paix. Son but est de prévenir la radicalisation et de promouvoir la laïcité et le dialogue interreligieux, en intervenant auprès des élus, des parents, et des jeunes des quartiers en difficulté. Depuis, cette mère engagée a reçu de nombreuses récompenses pour son travail dont la Légion d'honneur remise par François Hollande et l'International Women of Courage Award remis par John Kerry.

Le 11 mars 2012, alors qu'elle se trouve en vacances en Turquie avec son mari, un appel depuis la France anéantit la vie de Latifa Ibn Ziaten. L'un de ses cinq enfants, Imad, un militaire de 30 ans, vient d'être abattu par Mohamed Merah, à Toulouse. Un mois plus tard, elle crée l'association IMAD pour la Jeunesse et la Paix. Pour lui, pour sa mémoire, parce qu'elle l'a élevé ainsi, elle se doit de faire face.

« Quand je regarde sa photo, en tenue militaire, tant de souvenirs me reviennent. Petit, il était toujours collé à moi, lorsque je voulais sortir, il fallait que je cache mon sac à main et mon manteau. Même quand il était à l'armée, il m'appelait pour tout et rien. On était très soudés, on se comprenait d'un simple regard – c'est une grande partie de moi qui est partie. Imad m'accompagne partout. C'était un fils et un confident. À tous mes enfants, j'ai donné la même règle de vie : "Tu prends une claque, tu te relèves, tu restes digne." Imad est mort debout, loyal, pour la République, il a refusé de se mettre à genoux. C'était plus qu'un message pour moi, c'est pour cette raison qu'aujourd'hui, à chaque conférence ou déplacement, je reste debout pour saluer son courage.

J'ai pris la terre et j'ai frotté son sang

Imad n'était pas du genre à partir sans rien me laisser. Alors un matin, je me suis dit qu'il fallait que j'aille sur place, là où il avait été assassiné. J'étais certaine qu'il m'avait laissé quelque chose. Et là, dans cette cité, je n'ai trouvé que le sang. Son sang qui avait taché le ciment. Alors, j'ai pris de la terre et j'ai frotté. Je me suis agenouillée et je lui ai dit : "Ta vie s'est arrêtée là, mais pas la mienne. Je vais trouver ce jeune qui t'a tué gratuitement, je vais faire vivre ta mémoire, je te le promets." Dans le quartier où a grandi Mohamed Merah, j'ai croisé des jeunes qui le considèrent comme un martyr. Je leur ai dit qui j'étais. Ils étaient bouleversés, m'ont dit qu'ils étaient désolés pour moi, que j'étais courageuse d'être venue là-bas. Tous m'ont confié leur désœuvrement, leur sentiment d'abandon. Mais la République n'oublie personne, et je leur ai tendu la main. Je ne veux pas d'un autre Merah. Quand je vois toute cette jeunesse sans aide ni écoute, ça me fait très mal. Ils ont besoin de repères et surtout d'un modèle, celui d'un adulte.

Je suis sûre qu'on peut sauver cette jeunesse

Si je n'avais pas obtenu de résultats, je ne serais pas là aujourd'hui. Grâce à l'association, des jeunes qui voulaient partir en Syrie y ont renoncé ; d'autres ont voyagé, trouvé des stages, sont sortis de leur quartier. Quand je leur demande ce qu'ils ont appris, ils me répondent : "On a grandi, madame", et alors je sais que j'ai gagné. Si chaque citoyen pouvait donner dix minutes de son temps, je suis sûre qu'on pourrait sauver toute cette jeunesse. L'État, seul, ne peut y parvenir. Je ne cherche pas la gloire, je veux juste faire passer ce message d'engagement collectif. J'ai eu la chance, en arrivant du Maroc, d'être vraiment accueillie. À l'époque, on nous aidait à nous intégrer, à maîtriser le français. Aujourd'hui, les femmes sont oubliées, et vivent recluses. Quelles valeurs peuvent-elles transmettre à leurs enfants alors qu'elles-mêmes manquent de repères ?

Dans mes rêves, Imad me dit de continuer

C'est là tout le sens de mon action : il faut montrer aux jeunes la réalité, combattre leurs idées préconçues. Par exemple, j'ai emmené des jeunes en Israël et en Palestine. Nous avons été accueillis chez un avocat israélien pour le repas du vendredi soir et nous avons beaucoup échangé. Les larmes aux yeux, les jeunes m'ont dit : "Latifa, ils sont comme nous, ils ont un grand cœur." Tout cela me touche et me donne le courage de continuer, pour Imad. Quand je suis fatiguée et que je rêve de lui, il me dit : "Maman, lève-toi, j'ai besoin de toi". Je n'ai pas le droit d'arrêter. Alors je me répète cette phrase : "Garde la paix en toi et offre-la aux autres."

J'ai appris à ne pas me laisser commander

Cette force, trois femmes de ma famille me l'ont transmise : ma mère, que j'ai perdue à l'âge de 9 ans, ma grand-mère qui m'a donné l'amour et le respect des valeurs – c'était une femme du tonnerre ! –, et ma tante. C'est elle qui, au décès de ma mère, a insisté pour que j'aille à l'école coranique pour apprendre à lire et écrire. Une fois en France, j'ai rencontré une Tunisienne extraordinaire : elle m'a appris la liberté, et à ne pas écouter mon mari ! "Tu t'habilles et tu te maquilles comme tu veux, tu sors si tu veux", me disait-elle. Grâce à elle, j'ai appris à parler, à me défendre, à ne pas me laisser commander.

La maman d'Imad, et rien d'autre

J'ai reçu beaucoup d'honneurs en France, et ailleurs. J'ai surtout été très touchée par le discours de François Hollande lorsqu'il m'a remis la Légion d'honneur. Ses mots sont restés gravés en moi. Pourtant, je ne cherche pas tout cela : aux yeux de tous, je veux juste rester Latifa, la maman d'Imad. Rien d'autre. »

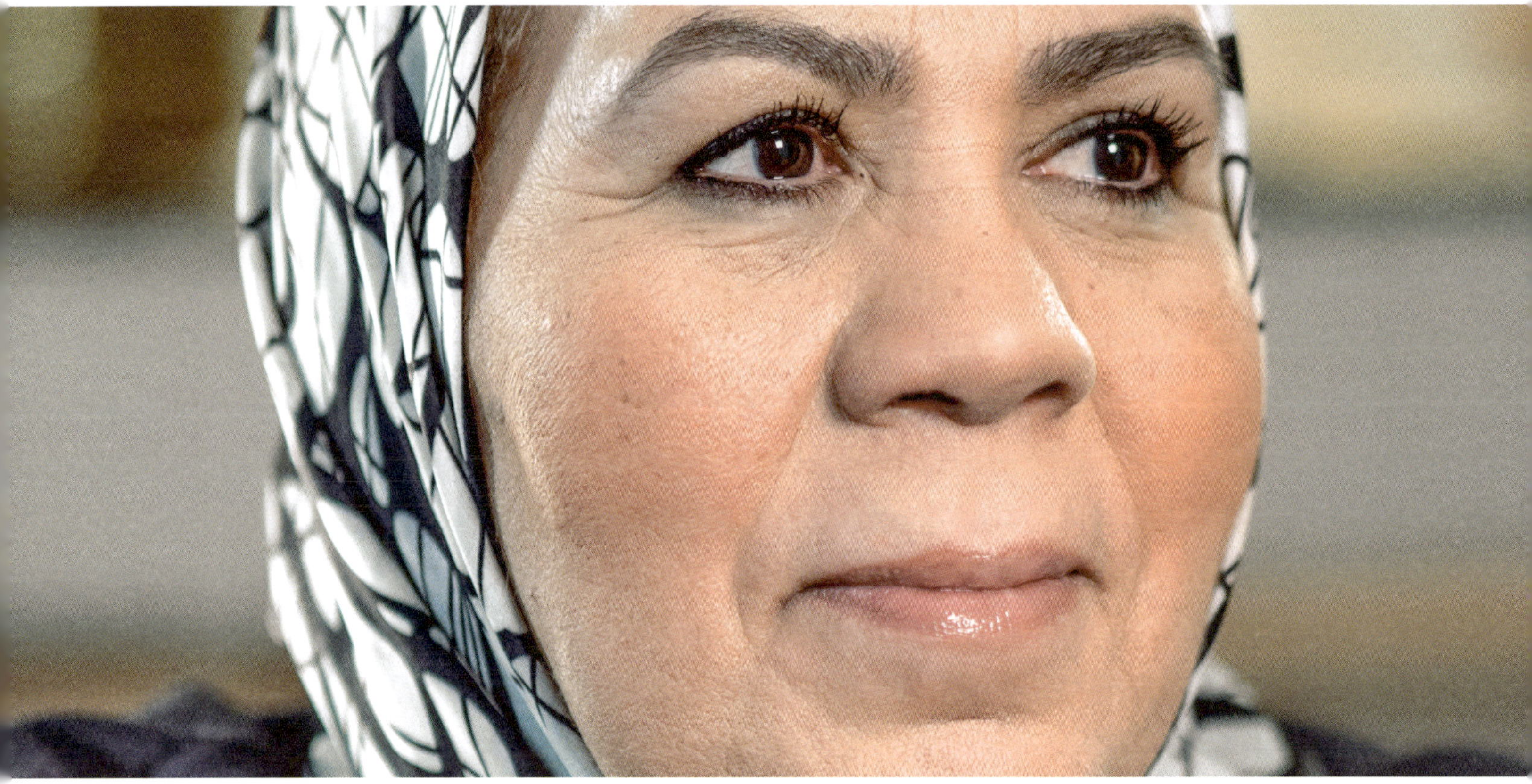

Latifa Ibn Ziaten

“

Imad est mort debout, loyal,
pour la République, il a refusé
de se mettre à genoux. C'était plus
qu'un message pour moi,
c'est pour cette raison
qu'aujourd'hui, à chaque
conférence ou déplacement,
je reste debout pour saluer
son courage.

Agnès b.

Pour Agnès b., née Agnès Troublé, être catholique, de gauche et féministe ne constitue pas un paradoxe. La styliste ouvre sa première boutique en 1975, à 34 ans. Elle sera l'une des premières à se lancer à l'international en créant une boutique à New York en 1980. Elle en possède aujourd'hui presque 300 dans le monde. Elle est également à la tête de la société de production cinématographique Love Streams et d'une galerie d'art contemporain. En 2003, elle achète le voilier Tara pour financer des expéditions scientifiques.

Elle fut l'une des premières stylistes à faire une carrière internationale. Mais celle qui pratique la mode « indémodable » se passionne aussi pour l'art contemporain et s'engage depuis longtemps pour de grandes causes comme la lutte contre le sida ou la protection des océans.

« Agnès b. », ça sonnait comme dans les faits divers

« J'ai grandi à Versailles. Je suis née à 500 mètres du parc du château. J'adorais m'y promener. On venait y jouer avec mes frères et sœurs. C'était notre parc ! Enfant, je voulais devenir conservatrice de musée. L'histoire du château et l'art en général me passionnaient. Je faisais également beaucoup de dessin après l'école. En voyage en Italie, je m'amusais à essayer de reconnaître les peintres avant de lire leur signature en bas des tableaux. Je me suis mariée à 17 ans avec Christian Bourgois – d'où le "B." –, j'ai eu des jumeaux à 19 ans et je l'ai quitté à 20. Je n'avais pas un sou. Ma famille a pris acte de mon choix mais il fallait que je me débrouille, que je gagne ma vie, d'autant que mon ex-mari me versait une petite pension. Nous n'étions pas malheureux mais ne pas avoir d'argent du tout, je sais ce que c'est. Je m'habillais aux Puces, je portais des jupons, des vestes militaires ou des bottes de cow-boy l'été. Le magazine *Elle* m'a remarquée puis engagée. Ensuite, j'ai travaillé pour Dorothée Bis, à la fois comme attachée de presse, styliste et acheteuse. J'ai énormément travaillé et beaucoup appris. Il y avait déjà plein de parutions sur moi. D'ailleurs, un jour, *Elle* m'a téléphoné, me demandant quel nom il fallait mettre. J'ai répondu "Agnès b.", ça sonnait comme dans les faits divers où l'on donne juste l'initiale. Ça s'est fait comme ça ! J'aime bien attraper les idées au vol, j'ai toujours procédé ainsi.

Je teignais les jupons dans ma baignoire

Puis c'est mon second mari, Jean-René de Fleurieu, qui m'a poussée à me lancer, à ne plus travailler pour les autres. Alors, on a trouvé une boutique dans le quartier des Halles à Paris, et tout a commencé. On faisait fabriquer les combinaisons, les salopettes, les vestes de serveurs, dans une usine de vêtements de travail à Bordeaux. J'y ajoutais des jupons en toile à beurre que je teignais dans ma baignoire. Puis, ce furent les tee-shirts rayés et le cardigan à pressions – qui va fêter ses 40 ans. Quand je l'ai créé, je portais souvent un sweat-shirt blanc que j'adorais mais mes longs cheveux bouclés s'y emmêlaient en l'enfilant. Ça m'énervait. J'ai eu l'idée des boutons-pressions. Ils rappelaient à la Versaillaise que je suis ceux des soutanes des prêtres. C'est d'ailleurs le même écart entre les boutons, au centimètre près. Simple, pratique et confortable, le cardigan a connu un succès fou. D'ailleurs, il a été maintes fois copié, aujourd'hui encore...
Dans la boutique, il y avait une volière. On avait acheté une cage à oiseaux pour ma fille, qui avait alors 3 ans. Et puis on a décidé de l'ouvrir : trente-cinq bengalis volaient à l'air libre, parmi les papyrus. On donnait même des boutures aux clients ! J'étais tout le temps dans la boutique, j'adorais m'occuper des clients. Je me souviens d'une jeune fille qui hésitait entre deux articles. Pendant que son père payait l'un, je lui ai glissé l'autre dans son sac. Elle était toute gênée, c'était drôle !

Partager, aider, s'engager aussi, ça fait partie de moi

Ma passion pour l'art m'a amenée à ouvrir ma propre galerie en 1983. J'aime soutenir et accompagner des artistes. En les exposant, je m'expose aussi moi-même à travers mes choix. J'adore quand ça bouge, quand il se passe quelque chose, quand l'artiste n'est pas là où on l'attend. En devenant galeriste, je me suis rapprochée de l'art, ce qui était très important pour moi.

J'ai toujours aimé partager, c'est l'un des grands bonheurs de la vie. Partager, aider, s'engager aussi, ça fait partie de moi. Petite fille, je me souviens d'avoir répondu à l'appel de l'abbé Pierre en 1954. Il avait notamment demandé qu'on donne des bouteilles vides. Alors, avec des copains, on en avait déposé plein sur le trottoir. Mais comme je ne voulais pas les donner sales, j'avais eu l'idée de les laver à la fontaine et j'avais entraîné tout le monde avec moi. C'est ma nature, je suis comme ça. Dans les années 1990, en pleine hécatombe du sida, j'ai fait des tee-shirts au profit d'Act Up. Dans toutes nos boutiques, on avait disposé des préservatifs dans des aquariums, présentés dans de jolies pochettes que les Japonaises prenaient pour des trousses de couture ! Je pensais qu'il fallait faire quelque chose et que tout le monde s'impliquerait pour venir en aide aux victimes. Enfin, c'est ce que je croyais... J'ai également créé une écharpe rouge au profit des malades hospitalisés. La cause des femmes au sens large m'est aussi très chère. J'ai toujours été sympathisante féministe mais non militante. J'étais très amie avec les femmes du MLF dans les années 1970. Je pense que les femmes sont fortes et qu'il faut les défendre collectivement. Dans le milieu spécifique de la mode, je n'aime pas l'image que la publicité, bien souvent, donne des femmes, photographiées dans des poses impossibles. Ça n'aide pas à leur respect, et je suis très en colère contre ça. D'ailleurs, je n'ai jamais fait de campagne de publicité.

J'aime l'idée de transmission

Je déteste la mode parce que ça se démode ! J'aime faire de beaux vêtements qu'on peut remettre vingt ans plus tard. J'aime l'idée qu'une femme puisse transmettre sa garde-robe, comme ma petite-fille Nine qui a 20 ans et qui porte les habits de sa mère. Et puis j'adore créer des collections pour hommes et des vêtements mixtes, me dire que mes créations vivent, bougent et se passent de génération en génération, mais aussi entre filles et garçons.

Je suis de nature très optimiste, très positive. J'ai cette chance et je m'en félicite tous les jours. Je suis gourmande des choses, j'aime le mouvement. Je ne m'ennuie jamais ! »

“ J'ai toujours été sympathisante féministe mais non militante. Je pense que les femmes sont fortes et qu'il faut les défendre collectivement.